卡住人生｜致｜勝｜點｜

卡內基教你的$12堂財商課

Dale Carnegie

張笑恒／著

目錄
Contents

第三課 人脈比黃金值錢

第四課 致富不再是夢

目錄
Contents

第七課
高財商者的殺手鐧：有效管理時間

第八課
用財商守住你的錢

目錄
Contents

第十一課 沒有人能隨便獲取金錢

第十二課 做金錢的主人

前言
財富卡位戰，你站在哪一方？

人生有許多關卡，你在財富這一項卡關了嗎？

一個人是否聰明要看智商，會不會做人則是看情商，想要致富，靠的就是財商了；有的人會賺錢卻不會理財，有的人薪資不高，反而靠著靈活的操作，讓資產無限增加，其中的差異，就看你懂不懂得創造財富的法則。

戴爾．卡內基曾說：「人類百分之七十的煩惱都與金錢有關，但人們在處理金錢時，卻意外的盲目。」雖然有錢不一定代表成功，更不代表幸福，但是沒有錢，卻往往意味著失敗的人生，註定一輩子在人前抬不起頭。因而懂得如何借力致富、智慧理財，是一個人卡住致勝點的關鍵。

在如何追求財富這個問題上，每個人的答案都不同，因爲每個人的成功模式不盡相同，也不可複製；但從許多案例中我們驚人的發現，成功需要的基本要素是一樣的。爲了幫助人們認清成功的本質、找到追求財富的最佳路徑，二十世紀偉大的心靈導師、美國現代「成人教育之父」——戴爾·卡內基，根據自己的成功經歷以及財富積累經驗，總結出一系列經典的理論和高效的學習方法，希望能給所有渴望獲得財富的人們指點迷津。

書中的十二堂財商課，在教育讀者如何積累財富的同時，也指出金錢的本質，提醒人們不要被金錢所奴役，並告誡所有爲事業打拼的人，一定要端正心態，把金錢當作一種謀求幸福的手段；因爲只有成爲金錢的主人，才能真正的擁有財富，享受自由的生活和幸福的人生，而不是在金錢的驅使下盲目、被動地生活著，辛苦一生卻找不到人生的真諦。書中並且把人們在創業致富過程中可能遇到的一些困難列舉出來，並結合卡內基的經典理論詳細論述解決這類問題的方法，讓翻開本書的讀者朋友們可以大受啓發。

第一課

第一步：立下成為富人的目標

1 財富人生的起點

卡內基認爲，遠大志向是對幸福的憧憬、嚮往和追求，而幸福則是遠大志向的實現。朝著一定目標走去是「志」，一鼓作氣中途不停止是「氣」，兩者合起來就是志氣。一切事業的成敗及財富的積累都取決於此。

俗話說得好：「大丈夫必有四方之志。」作爲男人，首先要有遠大的志向，這樣才會有自己的奮鬥目標，知道自己的努力是爲了什麼。而且通常有遠大志向的人，都不會喪失遠大的使命感，他們會一鼓作氣地朝著既定目標前進，最後往往都能收穫絢爛多姿的人生。

卡內基還只是一名普通的汽車銷售員的時候，曾接待過一位前來買車的老人，這位老人對卡內基講述了自己年輕時的願望，引起卡內基莫大的興趣，兩人相談甚歡。在這位陌生老人面前，卡內基坦然地講出了自己的成長經歷、漂泊不定的生活和近段時間的憂鬱。

卡內基坦言現實的殘酷和自己目前對於工作的不滿，說自己曾想當一名作家，詢問老人的意見。

老人聽完卡內基的話後，說道：「孩子！既然你已經有了這樣一個目標，爲什麼還要爲一個你既不喜歡又不能付你高薪的公司賣命呢？你是不是想賺大錢？寫作在今天也是門好職業啊！」

可是卡內基有點缺乏自信，因此連連否認自己有賺大錢的夢想。老人看著卡內基說道：「你的職業應該是能使你感興趣並發揮才能的。既然寫作很適合你，爲什麼不試一試？」

卡內基聽了之後有些動容。早在大學時代，卡內基就對寫作有狂熱的追求和愛好，還曾經夢想過有一天，自己能夠將生活中面對的不同的人和他們發生的事情寫成一部著作。這種寫作的激情一直深埋在卡內基的內心深處。想到這些，剛剛還心裡滿是愁雲的卡內基似乎已經忘記了身邊的世界，忘記了放置在身邊的問題。最後，卡內基終於重新審視自己的能力和理想，並且給自己制定了一個遠大而精彩的目標，一鼓作氣走到了精彩的今天。

理想是人們奮鬥的目標。人的一生無論從事什麼職業，都需要有高遠的志向來牽引。正如貿易鉅子J・C・賓尼說：「一個心中有目標的普通職員，會成爲創造歷史的人；一個心中沒有目標的人，只能是一個平凡的職員。」如此看來，理想是遠航的標燈，有了它才有了前進的航向。

面對如今社會上日益嚴峻的競爭方式和自己的未來發展，每個人都有必要按照未來人生的生涯規劃理論加強對自身的認識與瞭解，找出自己感興趣的領域及優勢所在，確定自己能有一番作爲的事業。這樣才能明確自己的人生目標，即給自我人生定位。

喬治蕭伯納曾有過這樣一段名言：「征服世界的將是這樣一些人：開始的時候，他們試圖找到夢想中的樂園，最終，當他們無法找到時，就親自創造了它。」由此看來，一個好的定位是生活的重要組成部分。

但是，「定位」不像貨架上的商品，可以供人們隨意挑選，它更需要自我的設計和自我的奮鬥。每個人都應該給自己創造一個高標準的定位，這樣才能享有幸福人生。

在高爾夫球名人賽上完成歷史性的大滿貫後，美國高爾夫名將老虎伍茲成為許多國際性大公司競相追逐的目標。因為要完成大滿貫的機率是八千萬分之一，也就是說幾乎是不可能的，但是伍茲卻做到了。

當記者開始圍著伍茲詢問的時候，伍茲的恩師——七十八歲的教練安塞爾莫，向媒體講述了伍茲童年的故事：一切都是從一九八六年開始，安塞爾莫的同行奧克斯突然打電話給他說，小伍茲的父親伊爾伍茲正在為找不到一個能使伍茲更上一層樓的教練而發愁，問他是否願意試一試。

兩周後，十歲的伍茲和安塞爾莫見面了。讓安塞爾莫感到吃驚的是，這位在少年組中屢創佳績的男孩是如此的害羞靦腆，在和陌生人見面時，如果不是別人逗他說話，他絕不會從牙縫裡蹦出一個字。

但接下來發生的事更讓他驚訝，當安塞爾莫問小伍茲的目標時，這個文靜軟弱的小孩子的回答竟然是：「使自己的擊球動作從不變形，掌握各種各樣的擊球技巧，然後成為世界上最偉大的球員。」

從此，安塞爾莫和伍茲開始了長達十年的師徒交往。伍茲的聰明與勤奮深深地震撼了安塞爾莫。當初伍茲「豪情壯志」的宣言也成了他積極向上的動力和終極目標，終於在一連串的比賽中，伍茲造就了一個又一個的輝煌。

有明確志向的人，生活必然充實有勁，絕不會因無所事事而無聊。目標能使人不沉湎於現狀，激勵人不斷進取。而處於這樣狀態的人，必定會成就自己一生的事業。

當然，選好人生航向之後，還需要持之以恆，不畏艱險。正所謂人生的精彩來自於目標的精彩，大丈夫當志存高遠，當你孜孜不倦、運籌帷幄、蓄勢待發之時，你的人生也即將演奏起最爲華麗的樂章。

2 三十歲前確立財富目標

卡內基曾經說過：「如果你想在三十五歲以前成功，那麼你一定要在三十歲以前就確立好你的人生目標。尤其是對於創造期的男人來說，在廿五到三十歲之間就確立財富目標，這樣當你到了人生黃金時期時，才能更具創造性。」目標其實是具體化的理想，只要有了明確的目標，從小做起，從早做起，要實現夢想是不難的。

卡內基原先的目標，是想在學校裡獲得學位，畢業後回到家鄉的學校裡去教書。但在快畢業的那年，他發現同班的一個同學在暑假爲國際學校推銷函授課，每週所得的錢比他父親的辛勤所得要高出四倍。因此，他在畢業後，便趕到國際函授學校總部所在地的丹佛市，受雇做一名推銷員；後來他又到南奧馬哈，爲阿摩爾公司販賣火腿、肥皂和豬油。

他的推銷工作雖然很成功，但在一九九一年，他卻到紐約美國戲劇藝術學院學習演戲。一年以後，他感到自己並不具備演戲的天分，於是又回到推銷的行業裡，在一家汽車公司當推銷員。

事實上，這些工作都不合卡內基的理想。卡內基爲自己沒有實現在大學裡的夢想、不能成就一番偉業而苦惱。他認爲自己應該過有意義的生活，他決心白天寫書，晚間去夜校教書，以賺取生活費。

他想爲夜校開設演講課，因爲大學時代他在公開演說方面受過訓練，有所經驗。這些訓練和經驗掃除了他的怯懦和自卑，讓他有勇氣和信心跟人打交道，增長了爲人處世的才能。於是卡內基說服了紐約一個基督教育年會的會長，同意他晚間爲商業界人士開設一個演講班。從此，他開始了爲之奮鬥一生的成人教育事業。

廿五歲，正是生機勃勃，對未來充滿幻想與希望的大好年紀，這個時候，應該根據自身能力、興趣與愛好，去給自己的未來人生下一個準確的定義。人生一定得有目標，千萬別渾渾噩噩、糊裡糊塗，一個人若連自己未來的打算都不清不楚，那麼到頭來只能一事無成。

邱吉爾曾經說過：「每個人的生命中都有一個特殊的時刻，他就是爲此而生。這個特殊的機遇，如果他能夠把握，將使他得以完成自己的使命——一個只有他才有能力完成的使命。此時，他將感受到榮耀與偉大，這是屬於他的輝煌瞬間。」如果一個人能夠儘早地將自己人生的發展方向制定好，並且靜待這一輝煌時刻的到來，那麼他的命運將被自己刻上完美的記號。

成功人士比你富一千倍，就能說明他們比你聰明一千倍嗎？絕對不是。關鍵在於他們在創業初期就已經確立了人生目標，並且能夠堅定不移地走下去。

如果你想要在三十五歲前成功，你就要在廿五歲選定目標，那麼你會有十乘以三百六十五，等於三千六百五十天來實現它；如果你三十歲才選定目標，那麼你只有五乘以三百六十五，等於一千八百二十五天。因此，你一定要在自己創造力最強的這幾年抓緊每一天，制訂自己的人生規劃，並堅定不移地實現它。

我們在人生發展階段要使自己的目標能夠實現，就必須將目標分解量化爲具體的行動計畫，使自己知道現在應該爲目標做什麼，使目標有了現實的行動基礎。通常情況下，廿五歲之前是求學探索階段；廿五至三十歲要瞭解你想做什麼，進入相關行業開始創業；在三十至三十五歲之間，是創業的關鍵時期；三十五至四十五歲才是大發展、大收穫階段。

三十歲，可以說是人生的一個分界嶺，是任何人都輸不起的年齡。要是想在漸入中年之時有足夠的財富積累，那麼請在三十歲前，給自己一個明確的未來定位。

3 選對致富的方向和道路

「不能保持正確目標而奮鬥的人，他們不知道自己所要的是什麼，總是茫然地噘著嘴。設定明確的目標，是所有偉大成功的出發點。很多人之所以失敗，就是因爲他們都沒有明確的目標，並且也從來沒有踏出他們的第一步。」卡內基曾經在《人性的弱點》中如是說。

俗話說：「男怕入錯行，女怕嫁錯郎。」好的選擇，等於成功了一半。很多時候，天才擺錯了位置就很可能會成爲庸才，由此可見選好人生目標的重要性。

曾經有一個年輕人因爲職業發生問題跑來找卡內基，這位年輕人大學畢業已經四年，卻仍然沒有一份固定的工作。卡內基對這位年輕人有了大致的瞭解後，問道：「你讓我幫你選工作，可是你究竟最喜歡哪一種工作呢？」

「喔！」年輕人回答道，「那就是我找你的目的，我真的不知道我想要做什麼。」

卡內基決定讓這個年輕人明白，無論是誰，在找職業前，一定要有一個目標，並且要先深入瞭解那一行才行。卡內基思考了一分鐘，對他說道：「讓我們從這個角度來看看你的計畫，十年後你希望怎樣呢？」

年輕人沉思了一下，說：「我希望我的工作和別人一樣，待遇很優厚，並且買一棟好房子。當然，我還沒深入考慮過這個問題。」

卡內基說：「你現在的情形彷彿是跑到航空公司裡說『給我一張機票』一樣，除非你說出你的目的地，找對你要到達的方向，否則人家無法賣給你。所以，除非我知道你的目標，否則無法幫你找工作。因爲只有你自己才知道你的目的地。」

事實上，很多人在人生之路上奔波時，僅僅知道自己需要目標，卻從來不去考慮自己究竟需要什麼樣的目標。他們往往關注和考慮的僅僅是自己所具備的條件，而不是對自己現在的路與未來的目標進行整體的設計和規劃。甚至對於人生方向的正確與否，絲毫沒有任何考慮。結果急著上路，糊裡糊塗地扼殺了自己的未來。

人們常說，事業有成往往是正確目標方向的贈與。一個男人只有在人生路上確立了有價值的目標，才能分配好自己的時間和精力，較準確地尋覓突破口，找到聚光的「焦點」，專心致志地向既定方向前進。一個人如果總是渾渾噩噩地在人生路上摸索，那麼自然也就與成功無緣。

很多人，尤其是在剛剛踏入社會的時候，總是血氣方剛，認爲自己無所不能，做什麼都能勝任，事實上並不是這樣。沒有誰是萬能的，你首先要做的就是找準自己的方向。

要想找到適合自己的位置，最根本的一點是對自己所擅長的領域有所瞭解，每個人都有自己與眾不同的特點，從更深的層次來說，就是天賦的問題。比如有的人沉默冷靜，邏輯思維能力強；而有的人則感情豐富；還有的人精力充沛，活潑好動……加上後天所接受的教育不同，生活的環境不同，使每個人都有自己的特長，也就是自己的興趣。有的人擅長統籌工作，適合行政管理；有人擅長社交，適合公關、行銷，等等。如果讓科研技術人員去搞行政管理工作，就不一定能管理得好。

歌德說：「你最適合站在哪裡，就應該站在哪裡。」一粒飽滿的種子，只有在肥沃的泥土中才能茁壯成長，如果你把它種在貧瘠的土地上，即使這粒種子的本質再好，也難以茁壯生長。男人也是一樣，要想辦法把自己的才華放在最合適的位置上，才能觸摸到財富的光芒。

4 搖擺不定的人永遠不會成功

在卡內基成功的廿八項法則中銘刻著這樣一句話——「像賈金斯式的人永遠不會成功」。爲什麼現實社會中有很多人沒有成功呢？因爲真正能完成自己計畫的人少之又少，大多數人不是將自己的目標捨棄，就是淪爲缺乏行動的空想者。

俗話說得好：「有志之人立長志，無志之人常立志。」如果一個男人想成功，那麼他選定目標做起事來就一定要專注。假如一個人總是朝三暮四，在人生路上看見西瓜便丟了芝麻，無法堅持自己的理想和目標，那麼他就永遠無法到達勝利的彼岸。

卡內基曾從美國成功學家里柯克那裡聽到這樣一個故事：

在許多年前，當里柯克第一次遇見賈金斯時，後者還是個孩子。當時有人正要將一塊木板釘在樹上當擱板，賈金斯便走過去管閒事，說要幫這個人一把。他說：「你應該先把木板頭子鋸掉再釘上去。」於是，他找來鋸子。可是還沒有鋸到兩三下又撒手了，他又說要把鋸子磨快些，於是他又去找銼刀。

緊接著，當他拿到銼刀後，又發現必須先在銼刀上安一個順手的手柄。於是，他又去灌木叢中尋找小樹，可砍樹又得先磨快斧頭。磨快斧頭需將磨石固定好，這又免不了要製作支撐磨石的木條。製作木條少不了木匠用的長凳，可這沒有一套齊全的工具是不行的。於是，賈金斯到村裡去找他所需要的工具，然而這一走，就再也不見回來了。

幾個星期以後，人們才看見他在城裡露面；為了成批購買器械，他正在討價還價。

自從這件事以後，里柯克逐漸和賈金斯混熟了，里柯克發現賈金斯無論學什麼都是半途而廢。比如他曾經廢寢忘食地攻讀法語，但要真正掌握法語，必須首先對古法語有透澈的瞭解，而沒有對拉丁語的全面掌握和理解，要想學好古法語是絕不可能的。於是賈金斯學了一半法語，又去學古法語；學了一半古法語，又去學拉丁語。最後什麼也沒學會。

賈金斯戀愛過好幾次，但是每一次都毫無結果。他對一位女孩一見鍾情，向她表露了心跡。為了使自己配得上她，他去一所星期日學校上了一個半月的課，但不久便自動逃課了。

兩年後，當他認為問心無愧、無妨啟齒求婚之日，那位女孩早已嫁給一個比他差很多的男人。不久，他又如癡如醉地愛上了一位迷人的、有五個妹妹的女孩。可是，當他去那位女孩家時，卻喜歡上了二妹，不久又迷上更小的妹妹。到最後一個也沒談成功。

生活中，像鐘擺一樣來回搖擺不定的人永遠都不可能成功。正如卡內基所說的，只有明智的人懂得把全部的經歷集中在一件事上，唯有如此方能實現目標；也只有明智的人才善於依靠不屈不撓的意志、百折不回的決心以及持之以恆的忍耐力，努力在人們的生存競爭中去獲得勝利。

哈佛大學曾對一群智力、學歷、環境等客觀條件都差不多的年輕人，做過一個長達廿五年的跟蹤調查，調查內容爲目標對人生的影響，結果發現：百分之廿七的人沒有目標，百分之六十的人目標模糊；百分之十的人有清晰但比較短期的目標，百分之三的人有清晰且長期的目標。廿五年後，這些調查對象的生活狀況如下：百分之三的有清晰且長遠目標的人，廿五年來幾乎都不曾更改過自己的人生目標，並向實現目標做著不懈的努力。廿五年後，他們幾乎都成了社會各界頂尖的成功人士，他們中有許多人都是白手起家的。

蒙克夫是國際著名的登山家，他經常在不攜帶氧氣設備的情況下，成功地征服海拔六千五百米以上的高峰，這其中還包括了世界第二高峰——喬戈里峰。

許多登山高手都以不帶氧氣瓶而能登上喬戈里峰為第一目標。但是，幾乎所有的登山好手來到海拔六千五百米處，就無法繼續前進了，因為這裡的空氣變得非常稀薄，幾乎令人感到窒息。對登山者來說，想獨立征服八六一一米的喬戈里峰峰頂，確實是一項極為嚴峻的考驗。然而，蒙克夫卻突破重重阻礙最終做到了，他在記者招待會上，說出了這段奇蹟般歷險的訣竅。

蒙克夫說：「想要登上峰頂，首先，你必須學會清除雜念，腦子裡雜念越少，你的需氧量就越少；你的欲念越多，你對氧氣的需求便會越多。所以，在空氣極度稀薄的情況下，想要攻上頂峰，你就必須排除一切欲望和雜念！」

因此，不要像賈金斯那樣，把所有的經歷消耗在許多毫無意義的事情上，而是應該看準一項適合自己的重要事業後，集中所有精力埋頭苦幹，全力以赴，這樣才能取得傑出的成績。

5 盲目跟風沒出息

卡內基曾經說過：「人性最可憐的就是：我們總是夢想著天邊的一座奇妙的玫瑰園，而不去欣賞今天就開在我們窗口的玫瑰。」盲目追隨他人腳步的人是可悲的，因爲他們永遠都做不了自己的主人，永遠只是別人的附屬品。

其實，人生目標的追求也是如此，如果你盲目跟風，那麼你就會在別人的目標中迷失自己，即便你模仿一個人再像，也不可能做得比他好。

卡內基曾給自己的學生講過一個關於美國心理學家凱蘇拉如何做到特立獨行的經歷。

凱蘇拉上大學是學音樂的，他以前從未想過自己有其他選擇。因為凱蘇拉的家人都是搞音樂的，父親和親友也都希望凱蘇拉走這條路。凱蘇拉選擇音樂作為自己未來的事業似乎是很自然的事。

當凱蘇拉上中學的時候，音樂的才能給了凱蘇拉許多機會，使凱蘇拉成了學校的「明星」。學校每次演出，都有凱蘇拉演奏鋼琴的節目，凱蘇拉有時還作曲。

凱蘇拉上大學後，發現有很多來自世界各地學音樂的學生同樣的才華橫溢。特別是一個瑞士來的學生彈起鋼琴來幾乎無懈可擊，技藝非常純熟，還有一個從俄國來的學生鋼琴彈得也特別出色。

凱蘇拉慢慢地明白：這裡不是中學，自己在這裡沒有什麼出眾之處。而且凱蘇拉對音樂既不如別人那樣地熱愛，也沒有別人那種嫻熟的技巧和出色的才幹。過了兩年，凱蘇拉終於認識到：自己在音樂上只是一個平庸之才。於是他不顧父母的強烈反對，作出了離開音樂學院的決定。

凱蘇拉開始探求自己到底想要幹什麼，但是他並沒有真正懂得和做到獨立自主，仍舊依賴別人為自己作出選擇。凱蘇拉有個朋友是學經濟的，希望凱蘇拉走和自己一樣的路，於是凱蘇拉就改學了經濟。但凱蘇拉上課時總是搞不懂，甚至想把枯燥無味的課本扔到教授身上……最後，凱蘇拉不想硬著頭皮學下去，因為經濟不是凱蘇拉要有所成就的領域。

最終凱蘇拉在經過許多失敗之後，才偶然學了心理學，終於找到了能使自己怡然自得、精神振奮的事業。從此凱蘇拉便開始自己喜歡的心理學研究工作，最終成為這個領域的精英。

有時候，我們的思想和行爲經常會受到他人的影響。例如當你的觀點與其他人不同時，即使自己堅信是對的，有時也會迫於眾人的壓力，放棄自己的意見「隨波逐流」，這是一種很普遍的從眾行爲。

卡內基說過，許多人的價值觀念不是不正確，而是不明確；更準確地說，是由於自我意識淡薄而造成價值觀念模糊不清。如果一個人習慣於隨流，不能做出自己的選擇，又怎麼會有標新立異並且明確的價值觀念呢？所以說許多人的價值觀念不夠正確，往往是由於不夠明確，因而更有必要強調「明確」。一個人沒有屬於自己的價值觀念，那就不可能發展積極心態，樹立成功心理。

一個人只有更加清楚地認識自己，才能驅散前路的迷茫，找到屬於自己的道路。別人的意見可以參考，但僅僅是參考而已，你要做自己的主人，最終的決策還是要結合自己的實際情況來做出。正如馬克吐溫說的：「一個缺乏獨立思考能力的人，不喜歡通過學習和自省來構建自己的觀點，總是迫不及待地想知道自己的鄰居在想什麼，接著盲目從眾。而一個獨立性強、思維清晰、有主見的人是絕不會盲目從眾的。」

這是一個無比渴望成功的時代，然而，有很多人走進了觀念的誤區。他們認爲踩著他人的腳印，就可以拷貝成功，結果沒有靠近自己的理想，反而越走越遠。其實，成功的模式是不可複製的，但成功有規律可循，就是認識你自己、創造你自己、成爲你自己。

想要致富創業的人一定要明白，生活是你自己編織出來的樂章，只有自己譜曲才能融合你的風格，不要盲目複製他人的目標來決定自己的方向，這樣只會讓你埋沒自己的才華，在不屬於自己的道路上越走越偏離成功。

6 比別人領先一步

卡內基曾經建議準備經商的年輕朋友，只有仔細分析目前形勢和自己的優劣勢，才能找到領先一步的商機。他說：「要想贏得時間，就必須克服懶惰的惡習，每個年輕人都應該養成即時行動的習慣。」

人生中，思前想後，猶豫不決固然可以免去一些做錯事的可能，但更大的可能是會失去許多成功的機遇。要知道機會從來不等人，如果你已經找到了既定的目標，那麼現在就立即行動起來吧。要知道，成功要趁早，起跑領先一小步，人生就將領先一大步。

當卡內基在有名的阿摩爾公司成功通過面試後，就帶著自己的願望和被老闆看好的希望，被指派去了公司在南達科他州西部的一個分區做實地銷售。當卡內基抵達南達科他後，並沒有像其他業務員一樣，趁著工作未開展先遊覽一下當地的風光，而是立刻馬不停蹄地去拜訪當地有名的零售商，與他們攀談，從天氣到農作物收成，接著再把話題繞到阿摩爾公司及其所提供的各種產品上，很快就和當地商人熟絡起來。

在談話中，卡內基總是試著設法讓對方相信卡內基所推銷的產品值得信賴。「爲什麼你該選擇阿摩爾的產品呢？」當卡內基的話題吸引了店主的興趣後，就會採取問答的方式，向他們讚賞阿摩爾公司超級優良的服務態度和產品的高品質。並且，卡內基還非常肯定地告訴店主，公司的貨品任何情況下都能準時送到。結果經過反覆、仔細地說明和推銷，零售商們對他所推銷的商品都相當滿意。

卡內基憑著自己的熱心和真誠打動了所有他接觸的客戶，趕在所有同行的前頭建立起牢固的客戶群。當初卡內基被分配到這裡時，他就已經下定了成功的心。憑著這股幹勁和爭分奪秒的做事態度，卡內基在南達科他的銷售工作取得了巨大的成功。

俗話說得好：「早起的鳥兒有蟲吃。」提前規劃自己的目標，明確自己的人生的目的，知道自己即將選擇什麼，做些什麼，進入什麼樣的社會圈子，然後爭分奪秒地付諸行動，這一點是十分重要的。只有這樣，你才能比他人更快一步地使自己的事業、職業步入正軌，找到通往成功的最佳途徑。

在這個競爭激烈的時代，要想在同輩之中脫穎而出，其方法就是要比別人早下一點點功夫，或許這一點點在有些人看來是那麼的微不足道，但是卻讓你比別人多出了一些機會。不論在哪個行業裡，只要你能夠做得比別人領先一步，就絕對能讓你在競爭中處於優勢。

二十世紀七〇年代，「電腦」對於絕大多數人來說還是個稀罕物品。然而，當時的比爾蓋茲已經意識到了它的發展趨勢，並且他沒有把這樣的想法只停留在空想階段，先人一步地採取行動，率先涉足這一行，正是因為這樣，才有後來微軟的成功。

微軟是最早打入歐洲市場的諸多軟體公司之一，多計畫軟體很快就在法國佔有絕大部分的市場，到一九八五年初的時候，多計畫軟體在法國的銷售總量已達廿八萬套。而微軟的競爭對手蓮花軟體公司則是在微軟進軍歐洲市場後一年才隨微軟打進法國市場的。當蓮花軟體的法文版於一九八六年才在法國上市時，微軟公司推出的法文版的多計畫軟體已在法國市場上佔據相當大的份額。

二十世紀九〇年代初的時候，網路世界正方興未艾。網景公司看準市場，率先在電子產品領域推出了電腦流覽器產品，並迅速佔領了市場，搶佔了市場發展的先機。而此時的電腦業巨頭微軟公司還在酣睡之中，對即將到來的衝擊和市場中隱含的潛在商機毫無察覺。

當網景的流覽器幾乎成為每臺電腦的標準軟體時，比爾才意識到，如果任由網景繼續發展，自己就會失去大面積的市場，並從根本上撼動微軟的基礎。他立即與微軟的高層進行了一周的會議，討論如何面對網景的競爭。

蓋茲和他的夥伴們針對當時的市場形式和敵我雙方的優劣短長進行了詳細的戰略計畫。當時的網景，每年的營業額已達數千萬美元，而且已經佔據了優勢地位。面對一時的失利，微軟決定發揮其技術優勢，集中大量的技術人員和經費，並由蓋茲親自督陣，迅速拿出了極具競爭力的產品。並不計代價地宣傳推廣，為用戶免費安裝。

年輕的網景不僅在實力上無法與微軟相比，在技術上更是遠遠落後於微軟，所以在微軟的積極回應下，網景難以經受微軟這樣不顧血本的強烈狙擊，市場份額迅速下降。數年後，微軟ＩＥ的市場佔有率已超過百分之九十，成為該行業的領跑者。

你想成爲富翁嗎？如要你想在年輕時有所突破，創出一番事業來，就一定要抓緊時間，趕在青春「過期」之前，比他人更先邁出一步，那麼對於成功來說，你就必定比他人捷足先登。因爲成功絕不是隨機事件，它只眷顧努力和時間賽跑的人。

7 問自己：是否達到自己定下的目標

在卡內基成功的廿八項黃金法則中有這樣一句話：「每日、每月、每年都要問自己：我是否達到了自己定下的目標。」卡內基認爲，任何一個目標如果沒有精細的呵護和管理，是絕對不可能結出成功的果實的。

生活中，真正能完成自己計畫的人通常只有百分之五。因爲大多數人在人生攀登的路途中，都會在不知不覺中將自己未完成的目標捨棄。成功的地圖是需要人們成階梯狀式攀爬而上的，不時回顧自己的目標，並一步步完成，這樣才能讓通往成功路途的階梯更加堅實可靠。

在卡內基訓練班裡，有個人一開始就不以做一名房屋建造商而滿足，他想成爲「全美房屋建造協會」的發言人。他積極地爲自己的講演作準備，絕不錯過每次上演講課的機會，哪怕是在一年裡最忙碌的時節。

他毫不含糊地認真地聽講，仔細地練習，一步一個腳印，從最基礎的演講開始。而且時時刻刻都在提醒自己、質問自己有沒有離最初的目標又近了一些。結果他進步神速，這種進步讓他自己都感到吃驚。兩個月後，他就成了班上的佼佼者，被選爲該班班長。他的名字叫哈佛斯蒂。

一年後，主持該班的教師在日記中這樣寫道：

「我已經完全忘了俄亥俄州的哈佛斯蒂了。但一天早晨，用早餐的當兒我打開《維吉尼嚮導》，其中赫然有一幅他的照片與一篇稱譽他的報導。該報導中還提及，前一天晚上，他在建商的盛大聚會中發表演說。依我看，他豈止是全國房屋建造協會的發言人而已，他已經成爲會長啦。」

每一個明確的目標必定包含一個明確的達成期限，否則你實現這個目標可能將會遙遙無期。如果你現在想掙得十萬元，這是一個明確的目標，那麼你還需要給它一個期限，是一年、兩年還是十年、二十年。如果你認爲設一年覺得太短，二十年又太長，感覺自己無法控制時限，那麼乾脆不要給自己任何期限，因爲你的優柔寡斷、缺乏自信恐怕會讓你一輩子都實現不了這個目標。

另外，當我們設定好目標和達成期限後，接下來就必須擬訂一個執行的計畫，因爲一個有效的計畫時常會影響到你的目標是否能如期完成。

一八六五年美國內戰，約瑟夫當時是名軍人，退伍後，他決定成為一名新聞工作者，這是他兒時的願望。為了自己的夢想，他開始利用業餘時間刻苦學習，博覽群書，在圖書館結識了最大一家德文報社的負責人，一八六八年他通過此人介紹，成為《西方郵報》的記者，一進入報社，他開始設定計劃，但這並不是他最終的目標，他需要繼續努力。

約瑟夫對自己說：「我要利用我生命中的一切時間去完成我的事業。」他每天不知疲倦地從上午八點幹到次日凌晨兩點，日復一日，年復一年，就這樣，很快成為這家報刊不可缺少的編輯。

為了同當地的報紙爭奪發行量，約瑟夫採用大量的「煽情主義」新聞，這種新聞手段以富有「人情味」、極具誇張的手法報導社會新聞，曾因聳人聽聞而受到讀者的青睞。

這份報紙成為讀者心目中最喜愛的報紙，發行量激增，成為美國新聞界的一個傳奇。

有序的計畫將會促進人生的成功。約瑟夫正是因爲善於設計階段，合理設計自己的時間計畫，高效率地完成目標，所以最終獲得成功。

創業中的人不可能一下子就成爲百萬富翁，但當你在自己計畫的時間內，完成了一個十萬元目標的時候，百萬富翁的目標就不再是空想和幻想了。

一九九五年美國政府對職場員工的目標達成做過這樣一個研究報告，報告顯示：只有百分之十二的員工可以真正達成自己期望的目標，其餘百分之八十八的員工，都在追求目標的過程中間出了問題。至於一些獨立創業的人，真正能實行自己的計畫、達成自己的期望的，也只有百分之五左右而已。這個比率實在令人心驚，爲什麼絕大多數的人都失敗呢？源於他們對目標缺乏有效的監督和管理。

由此看來，有些人儘管有了明確的目標和實施計畫，卻沒有持續地將注意力放在目標的達成上，他們不去檢查目標實現的進程，並反思自己是否需要改進計畫。最後等待他們的只能是失敗的結局。因此，想要獲取成功，每個人都要時時刻刻提醒自己、督促自己，關注計畫實施的過程和進度。也許自己離既定的目標還很遠，但只要你能有毅力、有恆心，一步一個腳印，踏踏實實地做好成功路上的每一件事，那麼你就會離成功越來越緊。

第二課

用積極的心態為財富助跑

1 你有賺更多錢的欲望嗎？

卡內基曾經說過：「欲望是開拓命運的力量，有了強烈的欲望，就容易成功。因爲成功是努力的結果，而努力又大都產生於強烈的欲望。所以，擁有強烈的創富欲望，便成了成功創富最基本的條件。」

許多成功者都有一個共同的體會，那就是創富的欲望是創造力和意志力的源泉。如果一個人想致富，那麼首先他就要有足夠的創富欲望，讓這種欲望隨時地鞭策自己，激勵自己，他才會向著目標堅持不懈地前進，終歸找到屬於自己的寶藏。

在卡內基還很小的時候，時常會聽見母親和一些雜貨店的老闆談論某人，並且偶爾會提到：「他真是個有野心的年輕人」或「他的野心的確不小」這樣的話。在卡內基的成長過程中，母親時常會告誡卡內基說：「樹枝往哪個方向彎，樹就往哪個方向長。」正是從母親的話，卡內基最終走向了成功的殿堂。

如果你已習慣朝九晚五的上班族生活，循規蹈矩似的日復一日，那你一定成不了富翁。因爲一個會積極想要賺錢的人，絕不以溫飽爲滿足，他一定想要讓自己生活多姿多彩，天天都充滿賺錢的活力。只要具備這種野心和欲望，那麼再冷、再熱的天氣，再苦、再累的工作，他都會心甘情願地去做，而當他養成了這個賺錢「習慣」後，財富自然越來越多。

艾迪文條頓原是美國一家零售店的普通店員，在他進入這家商店以前他就暗下決心，有朝一日，一定開一家屬於自己的店。所以，他在店裡認真幹活，虛心學習，從進貨、銷售，到零售、批發，不放過任何一個環節，以此為他日後的獨立經營打下堅實的基礎。

有一次，他對老闆說：「以後我一定要開一家自己的店！」老闆先是一愣，然後哈哈大笑對他說：「你窮得連一身西服都買不起，還怎麼開自己的店呢？」

「我一定會做到的！」艾迪文條頓斬釘截鐵地回答。

憑著這股野心與欲望，努力工作三年後，艾迪文條頓自信滿滿地離開了這家店，並且靠著自己一直以來勤苦學到的知識開了一家自己的店，在他的事業達到頂峰時，他的店還一度打進美國最大零售店前三名的位置。

後來，美國一家商報的記者去採訪艾迪文條頓。在詢問到他的致富經時，艾迪文條頓說：「當我還只是一個小店員時，只有一個願望，那就是有朝一日能夠開一家屬於自己的店，於是憑藉這股欲望，我達到了；如今我對自己的店抱有更大的野心，那就是登陸美國零售店排行榜第一的位置。我想，如果沒有欲望和野心的驅使，我是無論如何也走不到今天的。」

關於如何把欲望轉變爲財富，卡內基曾經歸納了六個明確而切實的步驟：

1.你心裡要確定你真正所企求的財富的數量目標，僅說「我要很多錢」是不夠的，數目一定要明確。

2.爲了達到你所企求的目標，你決心付出些什麼代價（**只想著不勞而獲最終只會一事無成的**）。

3.確定一個具體的日期，你決心何時「擁有」你所企求的目標。

4.擬訂一個實現你欲望的明確計畫，並且不論你是否已有準備，要立即開始將計畫付諸行動。

5.將你要得到的財富的數量目標、達到目標的期限以及爲達到目標所願付出的代價，以及如何取得這些財富的行動計畫等，都簡明扼要地寫下來，並寫一份督促自己的誓詞類的聲明。

6.每天把這份聲明大聲地讀兩遍，一遍在晚上入睡前，一遍在早晨起床後。在你讀這份聲明時，你要想像著自己已經擁有了這筆財富。

信心與欲望的力量可以將人從平凡的社會底層提升到上層社會，使窮漢變成富翁，使失敗者重振雄風。欲望的力量就在於，使人在強烈的欲望衝動下，把那些不可能的事變成可能，把「自己不行」的卑微感徹底拋開，昂首闊步地走向成功。因此，每個在商場中奮鬥的男人，都應該將自己贏取財富的欲望調大，這樣離成功的目標才能更近。

2 不滿現狀的人才能成為富翁

一個人怎樣才能知道他自己真正所需要的是什麼呢？卡內基認爲，那些大人物的偉大志向，不是生來就有的。他們是綜合自己的許多經驗，以及一些別人因忽視和眼界所限而未能看到的東西而成就偉業的。這些偉大的志向就是因爲他們不滿足於現狀，經過審慎思考而覺悟到的。

志向宏遠的男人，通常都不會滿足於現狀，不會爲自己的錢包又塞進了幾張可憐的鈔票就自得其樂。相反，會有另一種更大的推動力，將他們的眼界放寬到更大的事業上去。他們會不斷地將目標放遠，以致不斷地鼓勵自己向更高的地方攀爬，所以，他們往往能成就一番偉業。

美國作家房龍在他所著的《寬容》一書裡寫道：「在寧靜的無知山谷裡，人們過著幸福的生活。」他用生動的筆法揭示了人們囿於一定的社會環境或生活習慣的時候，就會產生思維的惰性和慣性。一方面極易滿足，另一方面是安於現狀，不思變革，並且會不自覺地充當舊價值觀念的衛道士。這是所有封閉社會的通病。

事實上，許多人不能成爲有錢人，就是因爲他們總是滿足於現狀，即使是對生活並不滿意，他們也只會對當前的狀況發出無謂的哀悼。因此，他們是無論如何也不能成爲富翁的。

有人曾經問愛因斯坦，爲何他都已經是物理學界空前絕後的大人物，還要孜孜不倦地學習。當時愛因斯坦並沒有立即回答，而是找來一枝筆、一張紙，他在紙上畫上一個大圓和一個小圓，然後對那個人說：「在目前情況下，在物理學這個領域裡可能是我比你懂得略多一些，正如你所知的是這個小圓，我所知的是這個大圓，然而整個物理學知識是無邊無際的。對於小圓，它的周長小，即與未知領域的接觸面小，他感受到自己未知的少；而大圓與外界接觸的周長長，所以更感到自己未知的東西多，於是會更加努力地去探索。」

其實何止是愛因斯坦，大凡有所成就的人，都不會對自己的成績滿足，他們不斷爲自己創造一個新的起點，攀上新的高峰。生活在如今這樣一個具有無限可能的時代，如若想創造出無限可能，那麼必然要有足夠的上進心才行。尤其是一個男人，如果真的想幹出一番事業，那麼就必須不斷地給自己制定一個又一個更高的追求目標，這樣才能擁有不畏艱難、敢於拼搏的不竭動力，使成功成爲可能。

因此，在這個世界上，只有永不知足的人，他的意志、品格、力量和決心才能在不斷的拚搏和奮鬥中得到不斷的鍛煉和昇華。只有不安於現狀的人，才能激發自己無限的潛能，達到目標的最高峰。

3 有熱情，財富自會找上門來

卡內基在全美國發表的演講中，曾不止一次的提到過一點：一個人成功的因素很多，而居於這些因素之首的就是熱忱。他也時常把這句話應用在自己的生活中，他的成功也可以說歸功於他的熱忱。

當一個人對一件事情充滿熱情時，那麼必定會有一種積極向上的力量帶動他向著事情的成功點邁進，而對於追求財富的積累也是如此。只有當你渾身充滿對賺錢的熱情，財富才會找上門來。

詹姆士倫第威是卡內基班上的一名學生。剛開始時，他在為約翰漢考克保險公司推銷人壽保險。他平時極為熱心於卡內基班的課程，以至於他被公司調到密蘇里州聖路易市之後，立刻去拜訪那裡的卡內基課程的經理雷德史托瑞，說自己志願擔任小組長（由畢業學員擔任，做協助教師的工作），史托瑞欣然同意。最後倫第威還獲得了擔任教師的資格。

在保險公司工作不到一年的時間，倫第威就升任為人事經理，並且在聖路易建立了業績最優的推銷員團隊。儘管他已經有資格買卡迪拉克車了，但是他並不滿意，於是他去找他的上司，他說：「我要做你的工作或者和你差不多的工作，否則在今年年底之前，我就會辭職不幹了。」倫第威做人事經理這段時間的業績太好了，公司不願意失去這個有能力、有才華而且對工作充滿熱情的年輕人，於是在第二年年初，倫第威便被派到奧克拉荷馬州杜沙市擔任分公司經理。

以前公司在杜沙沒有分公司，沒有推銷人員，沒有顧客，但是不出一年，倫第威便先後雇用了四十二名推銷員及一些其他崗位的員工，打造出一支高效的行銷團隊，並且打破了公司的行銷紀錄。

後來，公司把倫第威調到波士頓擔任那裡的發展訓練經理，負責在全美國各地設立分公司。僅過了一年，公司又把他派回到聖路易市，擔任地區副總經理，而這時候，他才三十剛出頭。

不論在什麼地方，只要有時間，倫第威就會為卡內基班上課。有學員問及他的成功經驗，他總會微笑著說「對工作、對事業充滿熱忱」。

如果每個人都能夠像倫第威一樣，能夠對工作抱有無限高度的熱忱和興趣，那麼不僅財富會隨之而來，各種各樣的好運也會跟隨而來。熱忱可以鞭策一個人從渾噩中奮起做事，同樣也可以激起一個人莫大的能動力走向成功。

在巴菲特與大學生的一次對話中，他就對年輕學生的職業規劃提出了這樣的建議：「唯一一點就是要順著你的熱情走。」巴菲特說：「找一個你願意全身心去做的工作，這就是我正在做的，我都八十了，當然也可以去做其他事，但我選擇繼續我的事業，我知道我喜歡什麼。雖然我不知道你們喜歡什麼，但你們能想清楚也能找得到。」

美國工業鉅子卡內基創造的財富至今尚沒有人能企及，提到他的成功，許多人都爲之欽佩不已。

卡內基從小跟著父母從蘇格蘭移民到美國，一上岸他就當了童工，當時年僅十三歲。他第一個工作在紡織廠裡，一天十二個小時，一周六天，週薪一點二美元。他成爲世界首富後回憶說：「我掙的錢早已以百萬計了。但是，沒有任何錢能比第一周那一點二美元給我更大的幸福！」

在辛苦工作了十二個小時後，卡內基還拖著疲憊之軀去上夜校。十五歲時，他終於有了另一個機會：給匹茲堡的一家電報公司當報童，也就是挨家挨戶地送電報。他將此視爲天賜良機，義無反顧地接受了。

報童是典型的跑腿族，旁人看起來無足輕重，但卡內基不這麼看。雖然報童的週薪是二點五美元，收入翻番，但這不是他最看重的東西。用現在的話來說，他看重的是這是個白領工作，屬於資訊高科技的行業。

在一八五〇年，電報就相當於今日的互聯網。聰明的卡內基發現，匹茲堡的商業資訊就捏在他手上。哪家公司的業務繁忙，哪家公司的生意興隆，這些公司的商業網絡怎麼運行，他一清二楚。也就是從這裡，他又跳到鐵路公司，最終自己建起鋼鐵廠。那時蘇格蘭人在英國人眼裡是窮人的代名詞。卡內基家最初也確實窮得叮噹響，但是，最終他的工廠生產的鋼鐵，超過了整個英國的鋼鐵產量。

一個對成功充滿熱情的人，無論從事的是什麼職業，都會認爲自己的工作是一項神聖的天職，並對其有著濃厚的興趣。不管工作有多麼的困難，不管會經歷多麼嚴峻的考驗，他始終會充滿自信地迎接一切挑戰，因爲熱情賦予他拼搏的力量，並讓他看到成功的希望。

愛默生說過：「有史以來，沒有任何一件偉大的事業不是因爲熱忱而成功的。」因此，如果你有一個發財致富的夢想，那麼你就一定要對賺錢充滿熱情，這樣你追求財富的渴望，追求成功的意志力就會越強，你的成功之路將會越走越寬。

4 改變貧窮的決心

卡內基曾經在其書中向公眾表明過，他的課程是爲幫助一些人，改變他們的理念。事實上，每個人都有富有的權利，不應該貧窮。世界是什麼樣的，在於人們以什麼樣的心態去對待它。只要你內心頑強堅韌，那麼你眼中的成功就會觸手可及。

俗話說得好：「窮人的孩子早當家。」一個男人貧窮並不可怕，可怕的是他沒有改變貧窮的決心。那些商業鉅子、產業大亨並不是生來就有了驚人的財富，而是在富有之前，他們就擁有了一顆不甘貧窮、永遠上進的心。

幾年前的一個星期天，紐約的教會興辦了邀請非聖職人員演講的集會。當時羅曼皮爾邀請卡內基去做一次公開演講。那時候的卡內基已經憑藉自己的努力完成了美國經典之作《影響力的本質》一書，成爲頗具影響力的作者。他所創辦的演講術課程，在美國受到許多人的歡迎和好評，也幫助許多人提高了會話的能力，掌握了說話的技巧。當卡內基收到羅曼皮爾的邀請後，愉快地回應了邀請，並且雙方將演講日期定在星期日早晨。

在那場演講的過程中，卡內基一度曾因爲過於激動說不出話來。並且在這段不算短的時間內，聽眾幾乎都鴉雀無聲。當時卡內基正在述說自己的童年往事，在說到全家因貧困而斷炊後，他說：「可是即使在極度困窘的境況下，我的母親的信仰也不曾動搖過。她不斷哼唱著古老的聖詩《耶穌做朋友》，在窄小的屋子裡忙碌工作。母親經常安詳地告訴父親和我們，上帝會賜給我們食物，而這樣的做法也的確使我們寬心不少，以至於那個時候，我從來沒有空著肚子睡覺的記憶。非常奇怪，也許是母親堅強的信念傳遞到上帝那兒，也可以說是奇蹟般的，我們總能獲得必要的東西。」

聽完戴爾卡內基這段令人難以忘懷的談話後，使羅曼皮爾想起了美國有許多這類以貧窮作爲動力，造就出偉大業績的成功人士。就因爲貧窮，他們決心要使自己和家人在經濟上能夠富有，他們深信他們的夢想是可以實現的。羅曼皮爾回顧卡內基的演講，並且從他的身上得到一個真理，那就是貧窮或失業，都無法永遠壓制擁有積極態度的人，因爲他們擁有將逆境作爲跳板的能力。

每個在窮困中掙扎的人不妨多想想，自己爲什麼窮？是因爲自己出身不好還是命運不公？抑或是努力了仍然一無所獲？窮的時候，自己抱有什麼樣的理想？有沒有深思熟慮過自己的夢想是否能夠成真？當自己暫時生活在窮人堆裡卻無可奈何時，是否認真地「窮則思變」？

其實，窮並不可怕，可怕的是沒有勇氣去面對現實的殘酷與無情。沒有誰註定會是一生貧窮，也沒有哪個人註定會一世富有。貧窮不是自己的錯，但能不能擺脫貧窮的心境就是自己的問題了。

人生的成敗有很多種因素，但歸根結底是心在起著作用。心是人們通向未來的主導，如果你能將心態維護好，那麼你就一定能到達成功的彼岸。

在這個世界上沒有永遠的窮人，只有永遠不思進取的人，只有永遠坐享其成的人，只有永遠「衣來伸手、飯來張口」的懶人！許多富人都曾窮困潦倒過，只不過他們在貧窮的時候懂得比別人更用心地思考該如何走出困境。財富大師洛克菲勒就是在這樣的困境下想到要改變自己的命運的。

洛克菲勒幼時出生在一個貧民窟裡，和許多貧民窟的孩子一樣，他也喜歡爭強好勝，喜歡調皮搗蛋。但與其他孩子不同的是，菲勒從小就有一種善於發現財富的非凡眼光。

有一次，他把一輛從街上撿來的玩具車修好，讓同學們玩，然後向每個人收取零點五美分。結果在一個星期內，他竟然賺回一輛新的玩具車。

菲勒的老師曾深感惋惜地對他說：「如果你出生在一個富人家庭，你會成為一個出色的商人。但是，這對你來說已經是不可能的事了，你能成為街頭商販就不錯了。」

菲勒中學畢業後，正如他的老師所說，他真的成了一名小商販，這與當時貧民窟的同齡人相比，他已經可以算是出人頭地了。但老師的預言並沒有對他造成影響，菲勒一心想致富的心從來沒有改變過，他一直滿懷信心地向著自己的富人天堂邁進。

菲勒平常很喜歡去港口區的一個地下酒吧喝酒。

有一天，菲勒喝醉後，步履不穩地經過幾位日本海員身邊時，不經意間聽見幾名海員與酒吧的服務員談起他們的貨船因為染料外洩，而把貨物中的絲綢染花了的事，菲勒認為自己的機會來了。

第二天，菲勒親自找上船並對船長說：「我可以幫你們把這些沒有用的絲綢處理掉。」結果，他沒有花任何代價便擁有這些被染料浸染的絲綢。然後，他用這些絲綢製成迷彩服裝、迷彩領帶和迷彩帽子。這種新奇的服飾一進入市場，立刻受到熱烈的歡迎，幾乎一夜之間，他就擁有了十萬美元的財富。

菲勒活了七十七歲，臨死前，他讓秘書在報紙上發佈一條消息，說他即將去天堂，願意給失去親人的人帶口信，每人收費十美元。這則消息，引起無數人的好奇心，結果他賺了十萬美元。他的遺囑也十分特別，他讓秘書登了一則廣告，說他願意和一位有教養的女士同眠於一個墓穴。結果，一位貴婦願意出資五萬美元和他一起長眠。

菲勒的發跡和致富，也許可以幫助不少人認識到致富的竅門，「我們身邊並不缺少財富，而是缺少發現財富的眼光」。

貧窮不是罪過，有罪的是你向貧窮折了腰。只要你擁有不屈貧窮的心，那麼你就一定能用自己的聰明才智去體現自身的價值，最終走向富有。

5 財富不屬於悲觀的人

在卡內基成功的廿八項黃金法中，有這樣一項法則：「有的人比你富有一千倍，他們也會比你聰明一千倍麼？不會，他們只是年輕時心氣比你高一千倍。人生的好多次失敗，最後並不是敗給別人，而是敗給了悲觀的自己。」

身為經濟學博士、擁有十四家公司、經營手腕極高的億萬富翁艾爾賓菲特納曾說：「無論是獲得財富或其他各領域的成功，冒險都是不可避免的。財富絕不可能去接近一個時刻懷有恐懼悲觀和懷疑的心態的人，那樣只會使財富望而卻步。」

一次，一個流浪漢來到卡內基的辦公室，對卡內基說：「我來到這兒，是想見見這本書的作者。」說著，從口袋中拿出一本名爲《自信心》的書。

那是一本卡內基在多年前所撰寫的書籍。流浪漢繼續說道：「一定是命運之神在昨天下午把這本書放入我的口袋中的，因爲我生意失敗，當時決定跳密西根湖。但我看到這本書，使我產生新的看法。我下定決心，只要我能見到這本書的作者，他一定能幫助我再站起來。現在，我來了，我想知道你能替我這樣的人做些什麼。」

在流浪漢說這番話的時候，卡內基已經從頭到腳把他打量了一遍。卡內基不得不坦白承認，在自己內心深處並不相信自己能替他做些什麼。因爲從流浪漢眼中所透露的茫然、臉上十幾天未刮的鬍鬚，以及他那緊張的神態，完全顯示出他已經無可救藥了。但卡內基卻還是請他坐下來，並且讓他把他的故事完整地講一遍。

在流浪漢講完自己的故事後，卡內基對他說：「雖然我沒有辦法幫助你，但如果你願意的話，我可以介紹你去見本大樓內的一個人，他可以幫助你賺回你所損失的錢，並且協助你東山再起。」

卡內基走向前把一扇門推開，那個屋裡有一面高大的鏡子，流浪漢可以從鏡子裡看到自己的全身。

卡內基用手指著鏡子說：「我答應介紹跟你見面的，就是這個人。在這個世界上，只有一個人能夠使你東山再起，除非你坐下來，徹底認識這個人——如果你始終無法認識他，你就只能跳到密西根湖裡了。因爲在你對自己沒有充分的認識之前，對於你或這個世界來說，你都只是個沒有任何價值的廢物。」

流浪漢朝著鏡子向前走了幾步，對著鏡子裡的人從頭到腳打量了幾分鐘，然後後退幾步，低下頭，開始哭泣起來。

卡內基知道，忠告已經發揮功效了，所以領著他走到電梯間，送他離去。

幾天後，卡內基在街上碰見了這個人，他整個人已經完全改變，幾乎讓人認不出來，他的步伐輕快有力，頭抬得高高的，原來那種衰老、不安、緊張的神態已經消失了。他從頭到腳煥然一新，看來很成功的樣子。

他把卡內基攔下來，解釋說：「我正要到你的辦公室去，把好消息告訴你。那天我離開你的辦公室後，我似乎重新認清了我自己。我替自己找到了一份年薪三萬美元的工作。想想，老天爺，一年三萬美元！我的老闆還先預支了一些薪水給我，要我去買些新衣服，結果就是你現在看到的這個樣子。我現在又走上致富之路了，這似乎就像是一場夢。我想到僅僅在幾天以前，我還是個失去了希望、信心與勇氣的人，甚至還考慮要自殺呢。」

卡內基認爲，信心和意志力是行動的基礎、是一個人走向成功的非常重要的心理素質。一個人只有心裡充滿必勝的信念，對自己所從事的事業確信無疑，並且有堅忍不拔的意志力，他才可能邁出堅定的步伐，產生克服萬難的力量、技巧和精力，想出解決問題的方法和對策，並且贏得他人的信賴和支持，最後達成自己的理想。

對於任何一個在財富路上打拼的人來說，富有樂觀、開拓的精神一直以來都是成就的基礎。對自己有極大信心並且開朗樂觀的人，不會懷疑自己是否處在合適的位置上，不會懷疑自己的能力，更不會擔心將來。因爲只有樹立了正確的人生觀和世界觀，一個人才能對社會、對人生、對世界上的萬事萬物持正確的認識，保持良好的心態；才能使人站得高，看得遠，做到冷靜而穩妥地處理各種問題。

英國十八世紀的著名學者山繆詹森曾經講道：「養成多觀察事物積極的一面，比一年賺一千鎊還要重要。」如果你在前進通往創富的路上，能夠一直保留著一顆樂觀積極的心，那麼你朝著世界的方向也是迎風而立的。

一個人要成就一番大業，首先就是要拋棄自己卑微的內心。只要你能夠摒除內心的怯弱和卑微，那麼最終將攀上成功的頂點。

6 成功的最大敵人

卡內基曾經說過：「不要讓自己因爲一些應該拋開和忘記的小事煩心，要記住：生命太短促了，不要再爲小事煩惱，接受不可避免的事實，要在憂慮摧毀你以前，先改掉憂慮的習慣。」由此看來，憂慮不僅是心靈的殺手，而且還是想要致富之人所面臨的最大敵人。

其實，人生在世，勢必會遇到許多不快的經歷，它們是無可逃避的，也是無法選擇的，但是人們卻可以接受不可避免的事實作自我調適。

卡內基曾經認識一個名叫屈伯爾郎曼的企業家，這名企業家同時也是卡內基成人教育班的學生。他時常用忙碌來趕走那些「胡思亂想」，使自己沒有時間去煩惱和憂慮。同時他征服憂慮的經歷非常有意思，爲此卡內基決定邀請他一起去吃宵夜，並談談他的那些經歷。下面就是他告訴卡內基的一個故事：

「十八年前，我因憂慮過度而患失眠症。當時我精神非常緊張。脾氣暴躁，而且很不穩定，我覺得我快要精神分裂了。當時我是紐約皇冠水果製品公司的財務經理。我們投資了五十萬美元，把草莓包裝在一加侖裝的罐子裡。許多年來，我們一直把這種一加侖裝的草莓賣給製造霜淇淋的廠商。但後來有段時間我們的銷售量大跌，因為那些大的霜淇淋製造商產量急劇增加，為了節省開支和加工時間，他們都買三十六加侖一桶的桶裝草莓。

「我們不僅無法銷售投入的五十萬美元的草莓，而且根據訂貨合同規定，在今後的一年內，我們還必須繼續購買價值一百萬美元的草莓。更加嚴峻的是，我們已經向銀行借了三十五萬美元，當時我們既無法還清借債，也無法籌集到需要的款項，所以，我非常憂慮。

「我趕到我們在加州的工廠，想要讓我們的總經理知道目前情況有所改變，我們可能面臨毀滅的命運。但他不肯相信，把這些問題的全部責任都歸罪於紐約的公司——那些可憐的業務人員身上。經過幾天的請求之後，我終於說服他不再按舊的方式包裝草莓，而把新的製品放到舊金山的市場上賣。這樣做才稍微緩解我們所面臨的問題。

「回到紐約之後，我又開始為每一件事擔憂。對在義大利購買的櫻桃、在夏威夷購買的鳳梨等，都讓我緊張不安，睡不著覺。就像我剛剛說過的那樣，我簡直就快要精神崩潰了。

「在絕望中，我換了一種嶄新的生活方式，從而治好了我的失眠症，也使我不再憂慮。我儘量使自己忙碌，忙到我必須付出所有的精力和時間，以致沒有時間去憂慮。過去，我每天工作七個小時，現在我開始每天工作十五到十六個小時。我每天清晨八點鐘就到辦公室，一直待到半夜才離開。等我半夜回到家的時候，總是筋疲力盡地倒在床上，很快便進入夢鄉。

「這樣過了差不多有三個月，我終於改掉憂慮的習慣，又重新回到每天工作七到八個小時的正常情形。這件事情發生在十八年前，從那以後，我就沒有再失眠和憂慮過。」

蕭伯納說得很好：「讓人愁苦的秘訣就是，有閒置時間來想想自己到底快活不快活。」所以不必去想它，讓自己忙碌起來，自己的血液就會加速循環，思想就會開始變得敏銳——讓自己一直忙著，這是世界上治癒憂慮最便宜的一種藥，也是最好的一種。

事業成功的男人都懂得致富的最大敵人，是缺乏對自己情緒的控制，因爲情緒可以影響一個人的行動，例如積極的情緒產生正確作用，會讓人的行動更果斷、更有效；而消極情緒則產生負面作用，讓人做事畏首畏尾或是魯莽犯錯。我們都有這樣的生活體驗，當你精神煥發，充滿激情和熱情地去做某件事情時，這個時候你的思維就相當敏捷，而且幹勁十足，從而提高工作效率。而當你滿懷憂慮、低迷、落魄的心境去處理問題時，你會發現不僅工作效率低下，而且還容易犯錯。

卡內基小時候和朋友在老木屋的屋頂上玩，跳下來時，他左手食指上戴著的戒指在往下跳時鉤在釘子上，扯斷了他的手指。

卡內基大聲尖叫，十分害怕，他想他可能會死掉。但等到手指創傷癒合，他就再也沒爲它操過一點兒心。

「有什麼用？我已經接受了不可改變的事實。」他說。後來卡內基幾乎忘了自己的左手只有大拇指和另外三根手指。

幾年後，卡內基在紐約市中心的一座辦公大樓電梯裡，遇到一位男士，他注意到這位男士的左臂由腕骨處切除了。卡內基問：「你會因此而煩惱嗎？」這位男士說：「噢！我已很少想起它了。我還未婚，所以只有在穿針引線時覺得不便。」

荷蘭阿姆斯特丹有一座十五世紀的教堂遺跡，那裡有一段題詞令卡內基印象深刻：「事必如此，別無選擇。」人生的時間是有限的，所以不要爲明天憂慮，不要浪費今天的時間，活在已然無法改變的陰影裡。俗語說：「一心不可二用」，讓一種情緒去驅逐另一種情緒，暫時忘卻自己的不幸，就能重獲內心的寧靜與安詳。

總之，克服人生中憂慮的方法還有很多，但是你若想要真正不讓憂慮成爲阻擋自己成功的絆腳石，那麼就請記住：憂慮的克服全靠你自己。

7 常給自己積極的心理暗示

卡內基認爲，自我暗示這個名詞，適用於經由人的五官進入個人意識中的所有暗示與所有自控式的刺激。也就是一個人用語言或其他方式對自己的知覺、思維、想像、情感、意志等方面的心理狀態產生某種刺激影響的過程。

俗話說得好：「成功始於覺醒，心態決定命運！」積極的心理暗示常常是一個人成功的必然標誌，它是一種正確積極的啓示、提醒和指令，它會告訴一個人應該注意什麼、追求什麼、致力於什麼和怎樣行動，因而它是每個人都擁有的一件看不見的法寶。

一位年輕的保險推銷員跑去找心理諮詢專家，他曾經在保險推銷業中屢創紀錄，但是今年的業績卻嚴重衰退，他自己也不明白究竟問題出在哪兒。當這個年輕人列出了自己一年來的支出帳單時，那上面用紅筆勾畫出的支出額度，很顯然明顯地高過了上一年的支出額，而藍筆標注的所得收入卻比上年減少很多。

這個年輕人很是困惑，向專家詢問，為什麼自己越是想要傭金越賺不到；越想要促成生意越無法成交。他說：「這到底是為什麼呢？我甚至乞求別人買保險呢！可見我是多麼想爭取生意了！」

心理專家很快就找到了關鍵所在。專家建議年輕人：首先，摒棄那些讓自己煩惱不已的財富支出數字，調整好自己的心態。其次，停止抱怨，不要再往貧窮的方向思考。最後，將全年收入擴大十倍作為自己的目標，而不要總是想著收入比支出少，並且時刻鼓勵自己，對自己做出肯定。例如「即使在財務面臨破產的境地，但是在其他方面我仍是非常富裕」、「我的野心很大」、「我的機會還有很多」，等等。

一年之後，這位年輕人滿面春風地走進諮詢專家的諮詢室，非常高興地告訴專家，在這為期一年的時間內，他非常努力地朝著專家所確定的目標方向發展，很快他的銷售業績就提高了，儘管沒有將今年的收入達到去年的十倍，但是讓人驚訝的是，他已經達到了五倍。

「我要讓你看一些東西，」年輕人打開公事包，取出一件東西，並且對專家說，「請看看我時常在外奔波售賣保險時經常要看的筆記。」筆記本的首頁上面赫然寫著這樣幾句話：

「我很富裕！」

「我的能力很強！」

「我的野心很大！」

生活中，或許有不少人想過賺錢，也想過要創造出巨大的財富價值。可是，一個人如果沒有積極的心理暗示，沒有將這種積極的欲望裝進大腦，那麼必然也就沒有強大的動力。財富目標的首要實現標準，便是要有一種強烈可以支配自己行動的財富意識，只有當這種意識膨脹到某一個點後，那麼這個人自然也就踏上了發財致富的征途。

可以說，經常進行積極暗示的人，在每一個困難和問題面前看到的都是機會和希望，而經常進行消極暗示的人，在每一個希望和機會面前看到的都是問題和困難。很明顯，正是這種由成千上萬次的心理暗示所形成的意識決定了一個人有無發展，能否成功。

8 用積極的心態去尋找機遇

卡內基曾經說過：「貧困是一種思想障礙，而不是一種經濟狀況。要想致富，你只要改變自己的思想狀態就可以了，摒棄貧窮，然後選擇富有。」機遇只偏愛有準備的頭腦，特別是對於想創造財富的人來說，與其被動地等待財富機遇的到來，還不如自己主動尋找機遇。

正所謂：「山不過來，我過去。」在大多數人的創富之路上，有人總是鬱鬱寡歡，認爲自己時運不濟。其實要想得到財富人生最首要的，便是化被動爲主動，自己把握住創富的最佳時機，不再與財富之神擦肩而過。

一九八一年，英國王子查理斯和戴安娜要在倫敦舉行耗資十億英鎊、轟動全世界的婚禮。消息傳開，倫敦城內及英國各地很多工商企業都絞盡腦汁想利用這一千載難逢的發財機遇。有的把糖果盒上印上王子和王妃的照片，有的把服裝染印上王子和王妃結婚時的圖案。但在諸多的經營者中，誰也沒有一家經營望遠鏡的商號賺得多。

這家商號的老闆想，人們最需要的東西，就是能使我最賺錢的東西，我一定要找出在那一天人們最需要的東西。盛典時，有百萬以上的人觀看，將有一多半人由於距離太遠而無法一睹王妃尊容和典禮盛況。這些人那時最需要的不是紀念章、印有王子和王妃照片的糖果，而是一副能使他看清人和景物的望遠鏡。於是他突擊生產出幾十萬副簡易望遠鏡。

那天，正當成千上萬的人由於距離太遠看不清王妃的麗容和典禮盛況，急得抓耳撓腮之際，千百個賣貨童突然出現在人群中，高聲喊道：「賣望遠鏡了，一英鎊一個！請用一英鎊看婚禮盛典！」頃刻間，幾十萬副望遠鏡被搶購一空。

由這家經營望遠鏡的商號的致富之路，卡內基堅定地推斷出，一個企業家在關鍵時刻一定要抓住機遇，並且要更深一層地研究、利用機遇。雖然在實際生活當中，機遇對任何人都是平等、公正的，但關鍵還是看誰抓得準、用得好。

一百多年前，美國費城有一位叫作康惠爾的牧師，在他的演講中講了這樣一個故事：

有個農夫擁有一塊土地，生活過得很不錯。但是，當他聽說有塊土地的底下埋著鑽石的傳言，他只要有一顆鑽石就可以富得難以想像。於是，農夫把自己的地賣了，離家出走，四處尋找可以發現鑽石的地方。農夫走向遙遠的異國他鄉，然而卻從未能發現鑽石，最後，他一貧如洗。終於在一天晚上，他在一個海灘自殺身亡。

而那個買下這個農夫的土地的人在散步時，無意中發現了一塊異樣的石頭，拾起來一看，它晶光閃閃，反射出光芒。他仔細察看後，發現這竟是一顆鑽石。這樣，就在農夫賣掉的這塊土地上，新主人發現了從未被人發現的最大的鑽石寶藏。

這個故事是發人深省的，康惠爾說道：「財富不是盲目地碰運氣去發現的，它只屬於善於挖掘自身的人，只屬於依靠自己才華的人，只屬於相信自己能力的人。」

人生際遇豐富多彩，當我們身處逆境時，誰知道會不會是命運給我們的一次考驗，會不會是上天與我們開的一個玩笑，又或者是爲我們提供的一次轉機呢？如果在不幸面前，我們總在消極地悲嘆、抱怨，必定會與機遇擦肩而過。所以無論怎樣，經歷都是一筆財富，哪怕身陷絕境，也永遠不要抱怨命運，因爲機遇對每個人都是平等的，只要能擁有駕馭機遇的心態和精神，就能真正把握機遇。

人生會有很多的機遇，關鍵看你自己如何把握。如果你任何時候都聽天由命，那麼你的人生永遠都不會向著你期待的方向發展。只有懷著積極主動的心態，絕不甘於平庸，向著成功主動出擊，你的命運就會牢牢掌握在自己的手中，你的人生從此將一片坦途。

9 跟自己玩個假裝的遊戲

卡內基說過：「你對工作感到厭煩嗎？跟自己玩個『假裝』的遊戲——假裝對你的工作特別感興趣，也許你會得到意想不到的結果……」興趣可以改變一個人對做一件事的時間觀念。換言之，做感興趣的事，覺得時光飛逝；做不感興趣的事，覺得度日如年。而做事的結果也大大不同，前者是飛一樣地完成了；後者卻浪費了許多的時間才完成。通常只有那些「愛一行，幹一行」的人，才能始終如一地對工作產生興趣，把工作完成得又快又好。

卡內基曾經在爲培訓班的學生解答如何消除工作中出現的「停滯期」時，講過這樣兩個故事。

第一個故事發生在二十世紀三〇年代，在英國一個偏遠小鎮有個叫瑪格麗特的小女孩。因為其父對她從小教育就十分嚴格，要求她凡事永遠做在別人的前面，不能落後於人，所以在瑪格麗特的成長期間，她很少對自己說「我不能」或者「太難了」之類的話。

或許，正是因為父親的嚴厲，使瑪格麗特從幼年開始便養成了良好的態度，促使她始終向著頂峰攀登。即便在工作中遇到再多的困境或者再多讓人煩心的事情，她都能微笑著去面對。

她在人生的每個階段，都有一個堅強的信念——「我是最強的」，她總是能夠樂觀地去看待工作中每一個煩瑣的事情和出現的問題。而這個名叫瑪格麗特的小女孩，就是英國歷史上有名的「鐵娘子」——柴契爾夫人。

第二個故事，就發生在卡內基身邊。

在卡內基朋友的公司裡，有位女士專門負責統籌報表規劃，可能是每個月都要重複花上好幾天的時間填寫完一份枯燥無味、塞滿了統計數字的報表，為此讓她十分煩悶。於是，她開始想像，自己該怎樣做才能把這無聊的工作變得有意思。

後來，她開始試著數出每天上午所填的數量，然後在下午儘量去打破自己上午的「紀錄」。忙完一天後再點清一天所完成的總數，然後第二天再想辦法打破第一天的紀錄。

結果，令她十分驚奇，她的工作效率提高了很多，煩躁的情緒也居然被喜悅替代！

她這樣做，是為了得到讚揚嗎？不是。是為了加薪或者提升嗎？也不是。她只是為了把無趣的工作很「有趣」地去完成。她做到了，而且做得既快又好。

在這個充滿競爭的社會，每個人既可以選擇自己所愛的道路發展下去，也可以走非自己所愛但是對自己有利的路，但是千萬不要在還未開始之前，就給自己下了對此類行業沒興趣的定論。

要想使自己在某個領域表現出色，那麼首先就必須具備良好的態度，只要你努力試著去提高對其的興趣，就有可能發現在原本自己不感興趣的領域，也能爆發出巨大的潛能。

有項心理學研究表明：心中隨時承載快樂的人信心更強，他們善於發現自己和別人的優點，缺點在他們的眼中顯得微不足道。當遭遇職場不快時，快樂的人更容易看到自身的長處，同時信任自己的領導、同事，相信他們肯定會竭盡全力幫助自己。自信以及對別人的信任，會讓他們感到源源不盡的力量，從而輕鬆應對各種困難。

因此，當你在某個領域陷入困境時，你需要不斷肯定自己，讚美自己，表達對那個領域的喜愛。積極的態度會讓你對不感興趣的領域產生興趣，會讓你在不擅長的領域找到成功的捷徑。

卡騰堡是美國名聲顯赫的新聞分析家。他廿二歲那年來到巴黎，在巴黎版的紐約先驅報刊登了一個求職廣告，找到一份推銷立體觀測鏡的工作。

儘管卡騰堡並不會講法語，但他已經開始挨家挨戶地在巴黎推銷這種觀測。更加令人驚奇的是，第一年他就賺到五千歐元的傭金，使他自己成為那一年全法國收入最高的推銷員。

奇怪的是，卡騰堡不會法語，那麼他又是怎麼成為一個推銷專家的呢？

他先讓老闆和同事用非常純正的法語，把他需要說的那些話寫下，然後再背下來。他很坦白地承認這個工作非常的難做。他之所以能撐過去，只靠著一點信念：他決心使這個工作變得很有趣。

每天早上出門之前，他都站在鏡子前面，向他自己說：「卡騰堡，如果你要吃飯，就一定得做這件事。既然你非做不可，為什麼不做得痛快一點呢？」就這樣，憑著對自己工作的這份激勵，他完完全全勝任了這份工作，並且還取得了巨大的成功。

興趣可以讓一個人把一個小時當作兩個小時來用，興趣可以讓一個人在自己陌生的領域成為專家。由此可見，成功並非一定源自擅長的工作，只要快樂地去做無趣的事，也會獲得意外的收穫。

第三課

人脈比黃金值錢

1 不可缺少的一筆隱形的財富

卡內基曾經坦言：一個人的成功百分之十五靠專業知識，百分之八十五靠人際溝通。確實，在現代社會中，人際關係已經成爲社群網中不可缺少的一筆隱形的財富，它總是能夠在你最需要的時候給你提供更大的幫助。

要想事業一帆風順，就一定要營造一個完善的人際網路。無論你從事什麼職業，只要學會借助人脈的力量，你就已經在通往成功的路上走了百分之八十五的路程，在追求個人幸福的路上走了百分之九十九的路程了。

在卡內基的一生當中，對他最具影響力的便是他的好朋友之一赫蒙克洛依。因為正是赫蒙克洛依，卡內基才有更多的機會去接觸一些富裕的企業家，以及正在奮鬥中的才華橫溢的年輕人。

克洛依和卡內基同樣都選擇在紐約發展，但克洛依選擇了不同的工作和職位。克洛依在《聖約瑟夫報》、《聖約瑟新聞》以及《聖路易斯快報》擔任記者。之後，又任職巴特瑞克出版社雜誌編輯里歐多爾的助理。

當時在紐約，卡內基並沒有和克洛依來往，但他知道克洛依在紐約和自己同時奮鬥著。

有一次外出度假時，卡內基在度假勝地碰巧碰到克洛依，於是去附近一家酒吧喝酒聊天，交流各自在紐約的奮鬥經驗。從交談中，卡內基知道克洛依結識當代許多著名人士，克洛依答應將他介紹給自己所認識的朋友。於是，卡內基在克洛依的介紹下，加入了在充滿煙味的旅館餐廳地下室舉行的周日聚會。就在這裡，卡內基又結識了許多知名人物。

卡內基和克洛依平時都愛好旅遊，因此，他們會經常一道出去旅遊。在一次旅遊中，克洛依對卡內基說：「親愛的戴爾，你為什麼不去寫作呢？」

卡內基激動地說：「我正為此事做準備呢，總有一天我會成功的。」或許是克洛依的提問激發了卡內基寫作的欲望，旅遊回來後，卡內基下定決心要去寫作，因此，在卡內基暢銷書創作生涯中，克洛依的幫助和支持功不可沒。

當卡內基完成了《影響力的本質》一書後，他在書的扉頁上寫下這樣一段話贈給克洛依，那就是：「以我最高的名譽獻給我最尊敬、重要、誠實的朋友。」

很多人才華橫溢、努力拼搏，卻成績平平，苦惱之餘不僅慨嘆：爲什麼自己還沒有成功？爲什麼自己的運氣這麼不好？答案就是因爲他們沒有「貴人」相助。人際關係越豐富，門路就越多，這早已是不爭的事實。尤其是對於很多在商場上剛剛起步的男士來說，積累一定的人脈關係顯得尤爲重要，因爲關係與機遇是成正比的。當你擁有了完善的人脈時，你也就擁有了和機遇的互動。

一個男人僅憑自己單獨的力量是有限的，如果他能獲得周圍朋友們的幫助，那麼他的成功就會變得非常容易。因此，我們應該牢記，在這個競爭激烈的社會，要想贏得財富，就應該從現在開始積累人脈，因爲只有豐厚的人脈才會最終帶來豐富的財運。

那麼，我們應當如何做才能結交更多的人，並且取得更多的人脈呢？

首先，要做一個積極參與的人，而非旁觀者。

機會是自己爭取來的，人脈也是如此。一個人如果一輩子不走運，不是因爲他沒有足夠的人緣，沒有付出行動去努力尋找。事實上，能夠對我們有幫助的人，不會莫名其妙就出現的，更多的時候是需要我們用心去尋找和發現。

其次，擴大接觸面以求「貴人」。

人與人之間偶爾的相遇是經常的，但是遇到能助自己一臂之力的「貴人」卻不是一件容易的事情。不過，你可以通過擴大自己的接觸面來尋找貴人，比如多參加一些高級的宴會，因爲一些高級的宴會通常都是「貴人」的集合地。

哈佛商學院的一位教授曾經說，哈佛爲其畢業生提供了兩大工具：其一是對全域的綜合分析判斷能力，其二是哈佛強大的、遍佈全球的校友網路。通過這個校友網路，畢業生可以獲得各行各業的寶貴資訊以及一定的優待。這也是哈佛大學畢業生成功機率高得驚人的最大原因。

因此，每個人都應該明白，關係就是機會，關係越多也就意味著機會越多。有朋友幫助是事業成功的一個很重要的原因，只有人際關係豐富的人才能取得豐富的財富資源。因此，開發人際關係資源對人們捕捉機遇、走向成功具有非常重要的意義。

2 找出身邊最要好的三個朋友

有人曾經說過這樣一句話，你要想知道你今天究竟值多少錢，那麼你就找出身邊最要好的三個朋友，他們收入的平均值，就是你實際獲得的收入。卡內基認爲，在人際關係日益緊密的今天，一個男人要想真正找出自身的價値所在，那麼就請你多多關注一下你身邊的朋友。

每個人的一生當中，都會有一些志同道合的朋友。而在卡內基的生命中，友誼是最重要的部分。他不僅對朋友忠誠如一，而且對友誼極爲尊重。因此，他也同樣贏得了朋友們的尊重和支持。

在卡內基的一生中曾結交了三位極重要又真摯的朋友，他們是赫蒙克洛依、法蘭克貝格爾和羅威爾湯姆斯。其中赫蒙克洛依是卡內基所結識的第一位朋友，雖然克洛依的生活態度與一本正經的卡內基不同，但這並不妨礙他們成爲終身摯友。實際上，兩種不同生活態度的人成爲朋友，反而可以起到相互幫助和相互啓發的作用。

而法蘭克貝格爾則是卡內基教學課程中的一名學生，這位年輕人在卡內基的一生中佔有相當重要的地位，因爲卡內基從這位成功的學生身上看到了自己的過去。同時因爲貝格爾在課堂上的表現使卡內基對自己的理論更加地充滿信心，因此，貝格爾也成了卡內基家的常客。

卡內基的第三位摯友湯姆斯，是在機緣巧合之下結識的。那個時候，湯姆斯正在紐約尋找一位可以幫自己簡化演說內容的公眾演說教練。他倆的相遇爲他們各自的事業和共同的友誼打下了基礎。他的訓練給湯姆斯帶來極佳的成果，湯姆斯當場被「放眼全美」的活動單位錄用。從此以後，卡內基和湯姆斯成了好朋友，他們的友誼出現在兩人事業上的困境時期，可以說是患難之交。後來，湯姆斯運用自己的盛名爲卡內基銷售他的書籍和課程。

卡內基的三位摯友不僅爲卡內基帶來了事業上的幫助，而且讓卡內基更加地肯定了自己的價值所在。從他們的身上，卡內基找出了自己想要突破的一些關卡，並且找到了自己在人生中所要取得的成就價值所在。

由此可見，在一個人的事業中，其人脈資源起著不可或缺的巨大作用。

在平時，人脈資源可以讓你比別人快速地獲取有用的信息，進而轉換成對事業發展的強大助力；在危急或關鍵時刻，也可以發揮轉危爲安或救急的作用。另外，從自己最近的人脈關係中，你還可以結合周圍人的實際情況進而審視自己，從對比中找出自己的價值所在。

在好萊塢，流行這樣一句話：一個人能否成功，不在於你知道什麼，而是在於你認識誰。如果你沒有富爸爸，也沒有娶到富家女，那麼，你還有第三個扭轉命運的機會——從現在起，多結交一些優秀的朋友，多積攢一些優質的人脈吧。因爲一個人一生的富貴在很大程度上，是由他最親密的朋友所決定的。

3 主動出擊

卡內基說過：「在陌生人的宴會上主動與人談話，是獲得更多朋友的方法之一。我們每個人都要掌握應酬的方式和方法。只有想辦法去認識更多的人，並使這些人都成爲自己的朋友，才是人生真正的應酬方針。」

一個男人要想在社會上立足，那麼就需要時時刻刻地鞭策自己，想方設法找機會展現自己的能力，主動多與他人接觸，進而建立起彼此間相互尊敬、信賴的關係。這是交朋友的正確方式和理想步驟，也是建立人脈的重點。

人脈的搭建需要每一位男士都能夠主動出擊，因爲「貴人」身上並沒有貼標籤，我們不能將其一眼認出。但是，很多「貴人」存在於我們生命的每個階段裡，等著我們去挖掘。消極被動的等待方式，會讓很多潛在的「貴人」從自己身邊溜走。相反，如果主動出擊，就能挖掘出自己生命中「潛在」的「貴人」。

因此，每到一個陌生的環境中，我們一定要注意留心觀察，分辨出哪些人可能是自己的「貴人」。然後主動親近他們，與他們保持聯絡，讓他們對你有深刻的印象。很可能在以後的某個時候，他們就會成爲我們的「貴人」。

有位培訓師曾有幸參加喬吉拉德關於人脈的演講，演講前，他不斷地收到喬吉拉德的助理發過來的名片，在場的兩三千人幾乎都是如此，而且每人都收到好幾張。更想不到的是，等演講開始後，喬吉拉德的第一個動作卻是把西裝的鈕扣解開，向全場撒出至少三千張名片，全場為之瘋狂。之後喬吉拉德說：「各位，這就是我成為世界第一名推銷員的秘訣——主動出擊。演講結束！」

有一家保險公司，曾對二十歲至四十九歲的職場男士進行「人生課題的意識調查」，結果發現不同年齡層的人都認為「結交朋友」是人生最重要的課題。可有趣的是，人都有惰性、怯性，習慣於待在一個「舒適區」裡，而疏於主動結交朋友，也很少主動與朋友們聯繫。每個人都渴望認識好朋友，卻又同時吝於「先給予、先付出、先主動」地伸出友誼之手。所以這些被調查的職場男士中，只有很少一部分建立起了良好的社交網路，而這部分人大都事業有成。

沒錯，每個人都有自己的風格，但那些風格就是對的嗎？如果不主動親近別人，不主動結交朋友，只等待「別人來發掘我的優點」，那麼，你的人際關係就很難突破！

有人委屈地說：「我不是不友善，我只是太害羞了！」或「我很好相處，只是不好意思主動同對方交流！」的確，「害羞」、「不好意思」，都是我們與別人溝通的心理障礙，我們一定要把它除去。

有些時候，一些有一定社會地位的人的行爲是要與他們的身分、地位保持一致的，所以他們一般不會主動與平常人交往。而我們作爲平常人，苦於機遇難覓，自然要主動積極，充滿真誠，先邁出一步，做出友好的姿態，這是尊長敬賢的美德，也是交際的慣例。

人脈資源不是與生俱來的，而是由我們主動創造的。等待他人主動交往或是依靠別人交流資訊，我們的人際關係就永遠無法發揮真正的能量。只有主動建立並不斷擴大自己的人際網路，我們才能找到自己的「貴人」，借著他們的「勢」成就自己的事業。

4 打造黃金人脈

在人際關係學中，卡內基曾經說過：「世上沒有一點都不膽怯害羞臉紅的人，包括我自己。膽怯人人都有，只是程度不同，持續時間的長短不同而已。可是社交恐懼如果長期、嚴重地存在，那麼對人的身心發展、人際交往以及工作都是非常有害的。」

不管在哪種社交場合，如果你總是懷著對外界接觸的恐懼感，那麼就會阻礙你與他人的正常交往。而克服社交恐懼，打造黃金人脈是經常要參加各種社交場合的男士所應該學到和做到的，只有這樣，才能擁有一個屬於自己的完美社交圈。

卡內基想起自己辦演講培訓班的經歷時，曾因爲一開始班上人數很少，自己又沒經驗，所以教學內容很死板。而且卡內基還發現這種教法並不符合學員的期望，因爲這對一味想追求實際效果的人而言，沒有任何實際作用。

後來，卡內基才知道原來學習者最大的問題在於恐懼感，也就是站在眾人面前說話的恐懼。為了消除他們的恐懼感，卡內基決定讓他們練習在人前演講，即使只說一兩個字都沒關係。結果這種教法比先前的教法有效了將近十倍。

一開始接受卡內基的有效演講法培訓的人，在情緒上的變化，與別人並沒有太大的不一樣。他們之中有的人情緒不穩，有的人恐懼至極，甚至有的人在第一次演講時，由於過度恐懼而昏過去。不過只要克服這種初期的恐懼感（大約二三周），他們在人前演講就不是什麼大不了的事了，並且還會積極地爭取演講的機會。

美國的華爾街有一位男士叫維史特利，他膽怯至極，以致在公司會議上連表明對別人建議的贊成都做不到，所以他在公司的人緣非常不好，老闆對他也不夠重視。後來他參加了卡內基的課程，一開始參加課程時他恐懼無比，當卡內基要他作自我介紹時，他奪門而出，後來依靠班上老師和同學的幫助，他才又回到教室。

上了幾次課後，他開始有了新的體驗。在課程將要結束的一個星期天早上，他自豪地向妻子說：「在紐約已經沒有任何我不敢演講的地方了。」

克服膽怯的維史特利，整個人變得充滿自信，與人交往也毫無障礙。憑藉著出色的個人能力和才華，他很快便被老闆委以重任。

卡內基相信人們都希望自己能成爲最受重視的人，因爲這是人的本性當中最根深蒂固的渴望。學員在同學或講師面前演講，會逐漸感到自己是相當了不起的人物。而有了勇氣和自我改善的願望之後，與別人溝通時，也就不會再產生膽怯。

與陌生人可以輕鬆自如地交談是贏得人脈的良好開端，但這種交談，需要一定的冒險精神。有些人卻無法開始這種交談，他們在心裡感到害怕、緊張，甚至出現呼吸急促、出汗、顫抖等現象。這種對社交生活和群體的不適應而產生的焦慮和社交障礙稱爲社交恐懼症，它是阻礙這些人結交朋友的最大障礙。

有的時候，一些人不習慣於同陌生人說話，是他們害怕社交的主要原因。羅賓生教授曾說：「恐懼皆衍生於無知與不確定。」這話說得很有道理。可能對於大多數剛進入社交圈的人來說，與陌生人說話是一個未知數，他們並不瞭解談話的方式和技巧，找不到可以談論的話題，就不免心裡感到焦慮和恐懼。要改變這種情況，避免無話可談的尷尬局面，就必須從以下幾個方面入手。

首先，拓寬自己的知識面。有時我們不敢當眾說話是由於對當前發生的事情知道得太少，或者自己的知識領域過於狹窄。在這種情況下，如果我們能經常讀些報紙雜誌、優秀書籍，不斷開拓自己的視野，拓寬自己的知識面，這樣不僅可以增強我們的自信心，也可以在社交場合裡有話可說，毫無困難地表達自己的意見。

其次，不斷鍛煉自己的說話能力。偉大的鋼琴演奏家亞瑟魯賓斯坦曾經說過：「如果我一天不練，只有我自己知道；如果我兩天不練，我的批評家們知道；可是如果我錯過了三天的練習，那麼觀眾就全都知道了。」說話也是一樣。在演講的時候，臺上的每一分鐘，你在臺下可能需要一百分鐘來練習，使這一分鐘接近完美。

你說的話次數越多，你就能表現得越來越好。但是別讓不現實的過高期望誤導了你。口才只是一門能通過時間和經驗的提升來獲得提升的藝術。雖然你會感到緊張，但只要堅持練習，毫無疑問你會越來越出色。

要克服社交恐懼，我們可以每天堅持做二三次克服羞怯的運動。具體做法是：兩腳平穩地站立，然後把腳跟輕輕地提起，幾秒鐘後放下，每次重複這個動作三十下，這樣可以有效消除心神不定的感覺。人們在感到害羞時，呼吸也會變得急促，如果我們能有意識地控制自己呼吸的節奏，強迫自己做數次深長而有節奏的呼吸，緊張的心情也可以得到緩解。

另外，我們還可以通過自我暗示法，在心中對自己說：「我很棒，講話算什麼，我能行！」這樣多重複幾次。或者試著主動與大家交流，互動起來。這樣心情就會放鬆下來，同時也會獲得他人的良好回應。只要你有克服恐懼心理的決心，那麼你就一定可以戰勝恐懼，成爲有自信的人。

5 沒有比他人的信任更重要

卡內基經常談到信用對於經營生意的重要。他認為，商場中，信用是十分重要的。假如沒有信用，就沒有辦法進行交易。能否得到對方的信任，對一個生意人，或對一個企業家來說，都是不容忽略的。

事業成功的男人，大多信譽十足，受人尊敬。因為一個男人要想在事業上獲得成功，必定先要贏得周圍人的信任。只有這樣，對方才能放心和你做朋友，願意同你合作，甚至還會毫無保留地幫助你、支持你。

一九一七年六月五日，卡內基應徵入伍，開始了從軍生涯。經過十八個月艱苦、單調乏味的軍營生活後，卡內基終於可以開展自己的事業。但遺憾的是，戰後的經濟大蕭條讓卡內基的事業頻頻受阻，而且剛建立不久的事業根基又在一夜之間幾乎損失殆盡。於是，無可奈何之下，卡內基只得再次返回青年會館講授公眾演說課程。但是在此之前，卡內基必須先找到工作來維持日常的生活需求，因為人們已對他的課程興趣索然。

就在卡內基生活極度困乏之時，卡內基收到了遠在倫敦的好友羅威爾湯姆斯的邀請。原來，湯姆斯懇請卡內基爲自己的演說整理出配合影片的文稿和精彩的演講內容，當然也會相應地付給卡內基一定的費用作爲回報。卡內基頓時爲朋友的信任與關照而感動，於是立刻趕到倫敦，盡心地協助好友。

極具表演才華的湯姆斯，加上有嚴密表現事物能力的卡內基，演出非常成功。後來，湯姆斯又再次邀請卡內基，爲他主理巡迴演出公司的事務。

生活中很多時候，有些用金錢和智慧千方百計得不到的東西，卻因爲一點點溫暖、真誠和善良，輕而易舉地就得到了。這是因爲很多時候，這些看似平凡而又簡單的付出，卻更能讓人感覺到你的真誠和善良，更能贏得對方的信任。

誠信是一種做人的態度。無論是朋友還是同事甚至是陌生人，良好的溝通與交流都是建立在真誠表達的基礎之上的。誠信是人一生中最重要的資本。一個人糟蹋自己的信用，無異於在拿自己的人格做買賣，賣得越多，留下的也就越少；失去的信任越多，可以致富的路也就越少。一個人只有事事以「信」爲重，他的人脈才會遍佈天下。

路透社是世界三大多媒體新聞通訊社之一，從它的創立到現今已有一百多年的歷史了，它以迅速、準確的新聞報導而享譽國際。

路透社的創始人路透先生是位猶太人，他始終都把誠實、公正作為新聞業的宗旨。一八五一年，路透和他的妻子一起來到英國的倫敦，並創辦了通訊辦事處，他自己擔任社長。

此後，路透每天都挨家挨戶地到金融大街推銷自己辦事處的新聞快訊，經過不懈的努力，這個僅有兩人組成的路透社在幾個月後收到了很多的訂單，甚至有不少人開始要求長年訂閱路透社的報紙。

由於路透對每一條新聞都經過認真的調查，反覆確定無誤後才對外發佈，時間一長，大家都知道路透社是一個以誠信著稱的新聞單位，從這裡發佈出來的新聞不會出現欺騙讀者的小道消息和花邊新聞，是絕對可信的。後來，就連歐洲東部國家的一些商人也紛紛寫信，表示希望能與路透友好合作。就這樣，路透社很快地發展壯大起來，並逐漸成為通訊業裡的巨頭，世界各地的人們都紛紛訂閱路透社發行的報紙。

俗話說：「誠信二字值千金」，很多創造了一個又一個商業神話的人，他們成功的秘訣只有一個——誠信。如果一個人打造出自己的誠信品牌，那麼，無論走到哪裡，他都能夠順風順水。

人們常說商道即是人道，坑蒙拐騙成不了大氣候。在經商時追逐利潤是無可厚非的，但是也要講究方式和方法，不能不擇手段，必須堅守一定的底線。如果你想借某種有違誠信的方式，從老客戶身上狠撈一把，或拖欠老客戶的貨款長期不還，甚至準備賴賬等，那麼你的生意也就做到頭了。所以，在商場之中，只有堅守誠信，才能把生意越做越大。

誠信是獲取信任的最佳途徑。在很多時候，「貴人」更看重要與其合作的人的人格與品性，即便這個人的才華和能力再出眾，即便幫這個人是微不足道的小事，如果「貴人」感受不到這個人的真誠，他就不會對其產生足夠的信任，自然也就不願爲之花費哪怕只是一丁點兒的心思。因此，想要獲得事業成功的男人一定要明白，如果想擴大自己的財富，如果想增加自己的人脈，那麼就一定要以誠待人，以獲得他人的信任爲首要目標。當他在人際交往中有了足夠的信譽，他的財富自然會滾滾而來。

6 四大法則擴大交際圈

生活中，成功人士總是不停地擴大自己的交際範圍，他們每認識一個新的朋友，都會通過其來認識更多的新朋友，所以，成功人士的交際範圍擴充速度快得驚人。卡內基經常鼓勵自己的學員這樣做，並給予他們一些相應的建議。

■ 好好利用與人合作的機遇

與人合作的過程，也是交友的過程。幾個人在一起爲了共同的目標而努力，會非常容易地認清彼此，建立起相互信賴的友情。所以應該珍惜與人合作的機遇，在合作期間用真誠和善良，讓一起合作的人欣然地加入到自己的交際圈中來。

■注重培養自己的興趣和愛好

愛好、興趣廣泛的人，很容易同陌生人找到共同話題。彼此可以談論的話題越多，就越容易引起共鳴，成爲朋友的可能性也就越大了。

興趣愛好的培養，並不是要求你一定要擅長某一方面。在很多時候，你只需對某些領域有一定的瞭解，在對方提及時能表現出濃厚的興趣，同樣會讓對方引爲知己，願意與你更進一步地交流。

■不要讓性格差異成為障礙

常言說，物以類聚，人以群分。志趣相投的人容易接近，反之，則容易疏遠。但你一定要記住，社交與選擇朋友不完全是一回事。在成功人士的社交圈中，數量最多的不是好友，而是只有過數面之緣的普通朋友。因此，在社交過程中，不要用選擇朋友甚至是知心朋友的條件來做標準，凡是志趣不符、性格不合的人一概拒之門外。

此外，朋友之間如果在知識結構、興趣愛好、生活經歷、氣質性格等方面存在差別，才有助於雙方廣泛地瞭解形形色色的社會生活層面。新朋友的見解即使與你大相徑庭、迥然不同，也是一大幸事，這可以補充、豐富你的思想。

■積極參加各種團體活動

在現代社會，分工細化，一個人單憑自己的力量很難取得事業上的成功。只有善於借助眾人之力，才有可能創造輝煌的人生。而要獲得眾人的幫助，上下一心，攻克目標，那就必須學會搞好人際關係。對於聯誼會、集訓、研討會或志趣相同者的夏令營、冬令營等活動，都是許多人在一起的集體活動，即便你興趣不濃也應該積極參加。因為此類活動所創造的交際機會是非常多的。

團體活動可以把不同資歷、不同背景的人通過共同的愛好、興趣集合在一起，使平時的陌生人有了共同話題、共同語言，可以快速地融入對方的交際圈。因此，參加團體活動對交際圈的拓寬是非常有益的。

7 學會雪中送炭

卡內基曾經說過：「同情在中和酸性的狂暴感情上，有很大的化學價值。你每天所遇見的人中，有四分之三都渴望得到同情。給他們同情吧，他們將會愛你。」人們爲事業之路打拼的時候，總會遇到些挫折，如若作爲朋友的你能夠在此時帶著一份「同情」並且給予他適當的幫助，那麼你們之間的關係將更加牢固。

常言道：滴水之恩當湧泉相報。當你的朋友遇到困難的時候，千萬不要悄悄走開，而應該盡己所能地提供幫助。因爲你盡己所能的幫助等於就是爲風雪中的朋友送去的無比寶貴的炭，會讓他永遠對你心存感恩。那麼下次當你需要幫助的時候，他就會毫不猶豫地伸出援手。

二十世紀七〇年代初，香港的塑膠業出現了嚴重的危機。由於石油危機波及香港，香港的塑膠原料全部依賴進口。而此時的進口商趁機壟斷價格，並抬高物價，讓許多廠家難以承受。一時之間，許多廠家紛紛停產，瀕臨倒閉。

在這個關鍵的時候，李嘉誠出現在了風口浪尖。他倡議數百家塑膠廠家入股組建了聯合塑膠原料公司，並由聯合塑膠原料公司出面，與國外直接交易。由於他們的需求量比進口商還大，所以他們所購進的原料價格可以壓低，然後他們仍按實價分配給股東廠家。於是，進口商的壟斷被打破了。

不僅如此，李嘉誠還將長江公司的十三萬磅（一磅等於零點四五四千克）原料以低於市場一半的價格賣給一些瀕臨倒閉的廠家。在這次危難中，有幾百家塑膠業的廠家得到了李嘉誠的幫助，他因而被稱為香港塑膠業的「救世主」。從此以後，李嘉誠在業內的威望越來越大，他的生意也越來越順利。

在與朋友的交往中，適時的雪中送炭可以把人拉出火坑，走出困境。猶如有人即將渴死在沙漠中，你送給他一口救命甘泉一樣。如此朋友，誰會不珍惜呢？因此，我們在人際交往中，需要幫助別人的時候，就要主動地去關心別人，你會因此積累更多的朋友。朋友就是財富，人際交往最基本的目的就是結人情、攢人緣。

感情投資的最佳策略就是雪中送炭，因爲這種投資的回報比往往是最高的。你不需要花重金去送禮，不需要花大人情去幫助別人，只需要在別人最困難的時候給予一點小小的幫助，即使幫助微不足道，他也會心存感激，銘記你一輩子。

有時我們沒有意識到，你曾幫助過的人會因爲境況變得更好了，日後反而成爲你的貴人，給你一定的幫助，使你的命運出現新的轉機。

在美國，有一位名叫約翰的年輕律師，他在家鄉的小鎮上成立了一家律師事務所，專門受理移民的各種事務和案件。

創業之初，他吃盡苦頭，窮得連一臺影印機都買不起，但是在他的努力下，他的律師事務所在當地開始有了名氣，財富也接踵而來，辦公室擴大了，並有自己的雇員和秘書。

然而，天有不測風雲，正當他事業如日中天的時候，一念之下，他將所有的資產都投資於股票，結果幾乎全部虧光。更不巧的是，由於美國移民法的修改，職業移民額削減，他的律師事務所變得門庭冷落，最後他破產了。

正在約翰為自己的生計發愁的時候，卻意外地收到一位公司總裁寄來的信。信中說，總裁願意把自己公司百分之三十的股份無償贈送給他，並且旗下的兩家公司隨時都歡迎他來做終身法人代表。

約翰簡直不敢相信自己的眼睛，天下有這樣的好事？他決定弄個明白。他按照信封上的地址來到一家裝修很氣派的公司，接待他的是一位中年男人，想必這人就是給他寫信的那位總裁了。約翰有點疑惑，他確信自己並不認識這個人。

那位中年男人微笑著看著他說：「還認識我嗎？」

約翰搖搖頭。只見這位總裁從辦公抽屜中，拿出一張皺巴巴的五元匯票和一個寫有約翰名字和地址的名片。約翰確信那是自己的名片和筆跡，但是他還是想不起在什麼時間和地方與這個先生見過面。

約翰說：「很抱歉，先生，我真的記不起來了。」

那位總裁說：「十三年前，我來到美國時，準備用身上僅有的五美元去辦理工卡，但當時我不知道工卡已經漲到了十美元，而且當排到我的時候，辦事處快下班了。更麻煩的是，當天如果我沒辦上工卡，那麼我在公司的位置將會被別人頂替。此時你從我身後遞過來五美元。當時我讓你留下姓名、地址，以便日後把錢奉還，你便留下了這張名片……」

約翰漸漸想起這事了，問道：「後來呢？」

「不久，我在這家公司連續申請了兩個專利，事業發達起來，本想加倍地把錢奉還給你，但我到美國之後，工作生活經歷了許多的磨難和冷遇，是你這五美元改變了我對人生和社會的態度，我又怎麼會把這『五美元』輕易地送出呢？」

真正的朋友並不一定是那些在你榮耀的時候向你喝彩、爲你獻花的人，而在你遭受苦難的時候站在你身邊不離不棄的人，才值得你託付一切。

「歲寒知松柏，患難見真情。」只有在別人最困難的時候提供幫助，才能換來金子般的友情。雪中送炭，送去的不僅僅是一份對抗嚴寒的溫暖，更是一份飽含同情的關懷。如此朋友，有誰會不去珍惜呢？

8 少數人才懂的投資智慧

每年夏天，卡內基幾乎都會去緬因州釣魚。但讓卡內基奇怪的是，不管自己帶的飼料是如何豐富，釣上來的魚卻少得可憐。

一位同樣喜歡釣魚的朋友幫他解開了謎底，原來那裡的魚都只偏愛吃一些小蟲。卡內基對此大受啓發，從此他在每次釣魚前，都不會像專業人士一樣忙著準備上好的魚料，而是會仔細認真思考那裡的魚兒究竟喜歡吃什麼。

由這件事，卡內基得出寓意深刻的結論：「你要想釣住魚，就要像魚那樣思考。」尤其是在職場或商場中，每個人如果能夠多站在他人的角度多爲他人著想，並且投其所好，那麼同他人打交道也必將會更加順利。

在這個社會上，如果你能投其所好，說的話深入人心，就能很順利地達到最終的目的；如果反其爲止，只會招來對方的厭惡，給自己帶來麻煩。因此，爲了讓對方坦然說出心裡話，你必須儘早發現對方引以爲自豪的地方，然後由此引開話題，以博得對方的好感。

對別人的成就，說一句簡單的讚美話，滿足一下他迫切渴求被肯定的虛榮心，並不是一件難事。只要我們願意並留心觀察，及時並適度地稱讚他，他就會把我們引爲知己，增強對我們的信任感和依賴感。有了這樣的感情基礎，誰不願意和我們做朋友呢？

美國管理專家查理斯施瓦布的成功秘訣，就是在公開或私下的場合，讚美別人。

施瓦布被《富比士》雜誌稱作「線上經濟之王」，他在三十七歲時，年薪已經高達一百萬美元。但事實上，查理斯施瓦布自己這樣認為：「我認為我所擁有的最大財富是我能夠激起人們極大的熱誠，而不是豐厚的薪水。要激起人們心目中最美好的東西，其方法就是去鼓勵和讚美他人的長處。」

施瓦布的每一次創新，幾乎都被認為是不切實際的，但結果總是證明他的選擇是正確的，有些創新甚至改變了整個華爾街的遊戲規則。

在談到創新成功的關鍵時，施瓦布認為：創新在於客戶的認可。想要得到客戶的認可，及時獲得客戶的回饋資訊，就必須時常與客戶聯繫，在這一點上，施瓦布做得比其他人都出色。而幾乎所有的客戶都願意和他打交道。原因無他，施瓦布恰到好處的讚美總是讓他成為客戶心中的知己。

在公關交談中，真誠地讚揚和鼓勵，能滿足人的榮譽感，能使人終生難忘。美國作家馬克吐溫說：「一句好的讚詞，能使我不吃不喝活上兩個月。」這句話的內在含義，就是指人們時常需要受人誇獎和恭維。

在交際場合中，要想積累人脈資本，那麼在與人交談時，必須竭力忘記自己，不要總是談你個人的事情。每個人都非常重視自己，也會希望別人重視自己，如果你與對方談他關心、感興趣的話題，你一定會給對方留下最佳的印象，從而獲得意想不到的效果。

因此，每位渴望成功的人請記住，如若想在社交場中「釣到魚」，甚至「釣好魚」，那麼就得像魚一樣地去思考。

第四課

致富不再是夢

1 相信自己是獨一無二的

卡內基認爲，每個人在人生選擇上，除了要依靠客觀條件之外，還要因每個人的具體情況而定。每個人要根據自己的條件和能力，來選擇適當的途徑和手段，並且要量力而行。

每個爲事業而奮鬥的人都應該相信自己的能力，只有這樣才能朝著自己既定目標堅定不移地走下去，才能獲得最後的成功。每個人身上都有特長，只是大多數人沒有發覺而已。

一九〇三年，卡內基現場觀摩了一次演說。

那位演說者是位旅行家，他以高明的演說技巧和翩翩的風度，深深地感染了少年時的卡內基，甚至有幾句演說詞讓卡內基一生銘記。

「一個農村男孩，無視貧窮，甚至不顧眼前的一切而努力奮鬥，他一定會成功的！」演說者說完便問聽眾：「誰將是那個男孩呢？」接著他又自問自答：

「各位先生、女士，你們正看著他呢。」

演說者的手指隨便指了一個方向，卡內基當時由衷地覺得他肯定是指向了自己。

事後，演說者那翩翩的風度，高明的演說技巧在卡內基腦海中生根發芽，慢慢地，卡內基明白了，原來自己夢寐以求的理想是成為一名演說家。在經歷了失敗的推銷員生涯後，卡內基心中所描繪的未來，更加地清晰起來。

卡內基對自己說：「既然我決定放棄工作，努力寫作，我就應該有好的心態審視自我。我要像太陽一樣燃燒，照亮黑暗的街道上的行人。我得努力尋找一條展示自我的捷徑。在未來的日子裡，我要靈活地面對生活，開創一條全新的成功之路，讓我的天賦發揮到極致。」

這是卡內基的生活宣言，也是卡內基實現理想的奠基石。

卡內基說：「心靈的成熟過程，是堅持不斷的自我發現、自我探尋的過程。除非我們真正瞭解自己，否則我們很難發揮自己全部的力量。」每個人身上都有屬於自身獨特的光芒，都有值得驕傲的權利，這種自信只能自己來詮釋，因爲這種魅力是別人無法模仿和擁有的。

果戈理曾經說過：「如果你能夠懷著美好的目的，也那樣奮力而又耐心地從事一種善良的勞動，你會成爲一個多麼了不起的人啊！」堅定自己的獨一無二是一種力量，能夠給予自己無限的動力和希望。

一九七二年，新加坡旅遊局給總理李光耀遞了一份報告，說新加坡不像埃及那樣——擁有金字塔，不像日本那樣——擁有富士山，也不像夏威夷那樣——擁有迷人的風景，有的只是陽光的直射。李光耀總理給了這樣的評語——「有陽光就足夠了」。結果新加坡利用自己陽光充足的優勢條件，大力發展種植業，把新加坡建成了「花園城市」。這樣的舉措給新加坡的旅遊業帶來了生機和希望，每年的旅遊收入連續多年位居亞洲第三。

在這個世界上，每個人都是獨一無二的個體，在生命過程中不可能會有人與你一模一樣。我們要敢於保持自己的本色，不必執著於同別人比高低。我們只需按自己的樣子生活，去尋找屬於你自己的成功標準，創造屬於自己的輝煌。

每個人都擁有一個全世界獨一無二的稀有之寶——自己。每個人從出生那刻起就被造物之神賦予不同的能力和使命。只要後天足夠的努力，誰都有成功的希望。

卡內基曾經提出幫助人們發現自我與眾不同的三種方法，非常值得所有人借鑑。

1.每天安排獨處的時刻；

2.努力破除束縛自我的種種積習；

3.用熱忱及興奮去追求。

看不到希望並不是沒有希望，只是自己沒有看清自己。所以如果你一直相信自己是獨一無二的，一直努力發掘、發揮自己的才能，那麼你所期待的成功就不再遙遠！

2 自身優勢影響一生

卡內基曾說：「一個人一旦認識到自己的潛能和優勢，就不會總是羨慕別人，總是感到別人不如自己了。因而我們可以把不再羨慕別人，看作是重新認識自我和依靠自己奮鬥的一個標誌。」

如果你想要成功，那麼你就絕對不能總是依靠別人的扶持。你唯一可以依靠的人就是你自己，只有從自己身上找到可以發揮的優勢，你才能獲得自信的意識和成功的基礎。而且你優勢越明顯，實力越高，你贏取財富的機會也就越大。

善於觀察的卡內基在密蘇里州瓦倫斯堡州立師範學院就讀期間發現：學院辯論會及演說比賽非常吸引人，勝利者的名字不但廣為人知，而且還被視為學院的英雄人物。於是卡內基決定在演說方面下點工夫，超過別人，贏得尊重。

從下定決心的那天開始，卡內基便經常在師範學院附近的一〇二號河畔練習演說。於是，人們從此便經常能在一〇二號河畔看見一位身材頎長、略顯清瘦的年輕人。這位年輕人一邊踱著步，一邊背誦林肯及大衛斯的名言，並不時地做一些手勢和面部表情訓練。

有一次，卡內基正在練習自己的一篇演說稿，神情專注，還不時夾雜著手勢。附近的一位農民見此情景，以爲他是個瘋子，便立即報了警。當警察跑來查問時，卡內基還不明白發生了什麼事。

皇天不負有心人，一九〇六年，卡內基以《童年的記憶》爲題發表演說，獲得了勒伯第青年演說家獎。

獲獎以後，許多學生紛紛找到卡內基，要求接受演說訓練。這也許正是促使卡內基最終走上成人教育之路的一個重要因素。

他在後來的回憶錄中不無自信地寫道：「我在學院培訓的男孩贏得了演講比賽，女孩也獲得了朗讀比賽的冠軍，從那一天起，我就知道我該走怎樣的路了。」

後來，當卡內基離開師範學院後，他並沒有立刻選擇成人教育職業。他最初做的是推銷員，後來又先後做過售貨員、演員和公共汽車售票員等工作。

但是，所有這些工作都沒有帶給他成功和快樂。幾經坎坷之後，卡內基終於發現：自己原來最擅長和最喜歡的還是演說。於是，卡內基來到紐約，在一個基督教「青年會」開辦的夜校裡當一名公眾演說課教師。以此爲基點，卡內基慢慢地向著自己的演講事業所靠攏。

一個人在生活經歷以及自己所處的社會境遇中，對於如何認識自我，如何描繪自我形象，是畢生都應懂得的至關重要的人生課題，因爲瞭解這些內容，將在很大程度上影響自己的命運。

在卡內基的成功心理學中，爲我們成功地揭示出了其核心觀點：人人都有巨大的潛能，人人都可以取得成功！你可能渺小，也可能偉大，這都取決於你對自己的認識和評價，取決於你的心理態度如何，取決於你能否靠自己去奮鬥。

爲此，卡內基還爲我們講解了一位聾啞人是如何走向成功的過程。

葉約翰生下來就聾啞。經過艱苦努力，他於一九七一年從專為聽覺不健全的人辦的華盛頓蓋勞德學院畢業，並得到了數學專業的學士文憑。

畢業後，葉約翰求職中四處碰壁，不得已又考入了馬里蘭大學，開始攻讀電腦專業，並最終取得碩士學位。取得學位後，他發出幾百封求職信，卻都遭到拒絕。後來他在美國小企業管理局的幫助下，學習了企業管理和會計，並從那裡得到了一筆十萬美元的低息貸款。

就這樣，葉約翰雇了職工、辦起了公司。他的公司專門生產辦公室自動化和電信設備。後來，公司還研製出一種輔助設備，它能把電話裡傳來的聲音翻譯成文字，讓聾啞人「聽」到。這種設備一經投入市場，立刻贏來社會的關注和好評。一九八七年公司盈利高達兩千一百萬美元，到了一九九〇年，公司盈利甚至突破三千萬美元。

一九九一年，美國國會還邀請他去講述成功的經驗。葉約翰在回憶錄中寫道：「我的成功只有兩點原因，自我的優勢和不斷地努力奮鬥。」

想要發揮自己的優勢就要先找到自己的優勢，優勢能夠讓我們的人生綻放

光彩，優勢能夠讓我們確定自身的位置。在人生這個多姿的舞臺上，如果我們的角色是由自己「最長的那塊木板」來決定，我們的位置就會相對較高。換句話說，只有抓住了自身優勢，我們才能達到更高的位置。

因此，成爲你自己，除了要無條件地、全面地接納自己之外，還必須學會發掘自己的優勢，讓優勢成爲主導你人生的導航儀，成爲你事業騰飛的助推器，只有這樣做，你才能活出那份屬於自己的精彩。

3 揚長避短才能一帆風順

「沒能成功，除了缺乏信心，還因爲不懂得揚長避短。你知道多少並不重要，重要的是如何利用你所知道的。」這是卡內基在《人性的弱點》這本書中所提到的。

生活中，我們每個人都有自己的特質和特長，也都有自己的弱點和長處。

在競爭激烈的今天，如果我們總是用自己的「短板」去比拼他人的「長板」，我們的事業肯定會舉步維艱、希望渺茫。只有善用自己的特長，使其形成自己的優勢，才能讓自己的事業一帆風順。

卡內基進入瓦倫斯堡州立師範學院後不久，開始了他走向成功的人生之路。但如果不是卡內基選擇了辯論和演說，如果不是當時瓦倫斯堡州立師範學院不重視學生的公眾辯論和演說能力，那麼，也許戴爾·卡內基最多只能被培養成為一名成功的牧師或神職人員或教師。

最初進入學院時，卡內基對自己幾乎不抱任何希望，因為他對自己笨拙的外表和破爛的衣服深深感到自卑。先前家裡遭受洪水，卡內基家的農場損失慘重，玉米和小麥幾乎顆粒未收，這是讓卡內基處於窘境的原因所在。可就在當時，卡內基卻已經深深地體會到，如果不改變自己的生活，他就會像父親那樣狼狽和辛酸。不能重蹈父親的覆轍，但應該怎樣改變呢？卡內基陷入了深深的思索中。

在分析自身的優勢和劣勢時，卡內基忽然想起了一年前母親對他說的話：

「你怎麼不想想在其他方面超過別人呢？」

的確，每個人都有優勢和劣勢，避開劣勢發揮優勢是最佳的人生選擇。最後，卡內基選定了目標，並開始爲之而不懈努力。終於，卡內基憑藉自己在演講方面的優勢，逐漸走出了屬於自己的完美人生。

美國著名的「優勢理論之父」、蓋洛普公司已故的前董事長唐納德克利夫頓博士認爲：「在成功心理學看來，判斷一個人是不是成功，最主要是看他能否最大限度發揮自己的優勢……每個人都有天生的優勢，教育的優勢就在於發現優勢，並發揮優勢……當人們把精力和時間用於彌補缺點時，就會無暇顧及發揮自己的優勢，同時可惜的是，任何人的缺點總要比才幹多得多，而且許多缺陷是後天難以彌補的。」

俗話說得好：「尺有所短，寸有所長。」這句話說的就是人都有所長，也都有所短。因爲人的能力是多方面的，你這一方面強，另一方面或許就不如他人。而大多數在事業上能夠取得成功的人士，就在於巧妙避開自己的短處，充分發揮自己的長處。

著名管理學家德魯克博士曾在一九九九年的《哈佛商業評論》中發表觀點：對於一個集體，需要克服的是「短板定理」；而對於個人，發揮自己的長處，比努力去補齊短板更爲重要，由此更加強了人生揚長避短的重要性。

拿破崙出生於法國的科西嘉島，他從小就身材矮小，而且相貌普通，很難給人留下深刻的印象。並且由於沒有顯赫的出身、高貴的門第，當他九歲那年在軍校就讀時，經常因為自己的身分地位和一口充滿了科西嘉島口音的法語而被人譏笑冷落。

一般情況下，因身體缺陷而被人譏笑對於一個心智尚未成熟的孩子來說是一種巨大的傷害，可是少年時的拿破崙並沒有因此而意志消沉，反而增強了他克服困難、維護尊嚴的決心。

拿破崙平常很喜歡獨自一人去海灘，因為洶湧澎湃的大海，會引起他無限的遐想，而且他也曾立下雄心壯志：「我最愛大海，因為它蘊藏著無比的威力，可以吞掉無數細小的沙礫，可以用柔軟的唇吻碎堅硬的岩石。我就要做海浪，把世界踩在腳下！」

胸懷大志的拿破崙開始發憤圖強，並且於十六歲那年順利通過畢業考試，被授予少尉軍銜。

一七九三年十二月，拿破崙在土倫戰役中，憑著自己嫻熟的炮兵專業知識，第一次顯示出了他卓越的軍事指揮才能和洞察力，這是他軍旅生涯的里程碑。他從一個瘦小無聞的小軍官，突然變成了一位令人矚目的軍旅新星，且得到了破格提拔與稱頌。後來，憑著他對自己命運和輝煌前程的不可動搖的信念，他以驚人的軍事天賦掩蓋自己一切的缺陷，也正是這過人的優勢所在，將他帶上了歷史從未有人到達過的榮譽巔峰。

在人生的坐標系裡，一個男人如果站錯了位置、選了錯誤的平臺，並且還用他的短處去謀求生活，他就可能會在永久的卑微和失意中沉淪。如果他認清自己的優勢和長處，並發揮好自己的優勢和長處，那麼就很可能會改變自己的命運。

當年，大文豪馬克吐溫在經商途中失利，不僅自己多年用心血換來的經費賠了個精光，還欠了一屁股債。他的妻子深知丈夫沒有經商的本事，卻有文學上的天賦，便幫助他振作精神，重走創作之路，使其終於擺脫了失敗的痛苦，在文學創作上建立了輝煌的業績。

一位名人曾經說過：「人必須接納自己，揚長避短，不斷前進。」一個人要想成功，那麼一定得懂得發揮自己的長處，來遮蓋自身的不足，腳踏實地朝著人生的最高目標邁進，並且保持熱情並充分地加以利用，這樣才會改變自己的命運，拿到通向成功的「金鑰匙」。

4 化劣勢為優勢

卡內基認爲：信心和勇氣能夠導致激揚奮發的情緒，會使整個人像是忽然被「充電」一樣地帶勁，立即會產生一種解決困難的欲望，並要求自己把事情處理得非常完美。只要你能夠始終堅信不一，通過努力，我們完全有可能改變自己現處的逆境，化劣勢爲優勢。

中國的兵法中也說：避實而擊虛。當實力不足時，打陣地戰不如打運動戰；打進攻戰不如打游擊戰。這一兵戰原則，也可運用到人生中的各個層面。歸根結底，其宗旨是：眼光瞄著勝利，心裡裝著對手，不失時機地創造條件，化劣勢爲優勢，化優勢爲勝勢。

美國吉利公司的安全刮鬍刀在市場上十分熱銷，曾是這一行的絕對霸主，一度占得九成的全球市占率。任何對手想跟它直接競爭，無異於以卵擊石。

以蓋斯門公司為首的一些小公司，沒有選擇同吉利公司硬碰硬的競爭方式，而是不動聲色地尾隨其後。

蓋斯門公司生產出一種安全刀片，既能放在本公司生產的刀架上使用，又能放在吉利公司生產的刀架上使用。因為吉利刀架的用戶很多，於是該刀片進入市場後銷量極好。後來，吉利公司推出新產品雙面刀片，這次蓋斯門公司轉而生產既能使用本公司的雙面刀片、又能使用吉利雙面刀片的刀架，再一次贏得了市場。

在競爭對手的靈活多變的戰術下，吉利公司的市占率最後下降到不足百分之二十五，從而失去了壟斷地位。

蓋斯門公司這種回避直接競爭的策略無疑是明智的，因爲直接與強大的對手打價格戰和宣傳戰，失敗的無疑是自己這一方。

美國「七喜」飲料問世時，百事可樂和可口可樂飲料已充斥市場，幾乎容不得「七喜」飲料插足。

針對這一局面，「七喜」生產廠家在宣傳中反覆暗示：汽水飲料有兩種，一種是可樂型，另一種是非可樂型的，而「七喜」飲料即屬於後者。結果把百事可樂和可口可樂歸為一類，爭得許多顧客來購買「七喜」飲料。

因為，標新立異、改換胃口是美國人特點，七喜公司的宣傳，就是利用廣告，回避飲料的口味問題，而從類型上給予區別，暗示「七喜」屬新型飲料，因而把消費者潛在的心理需求調動起來，為自己的產品打開了銷路。

塞涅卡說過一句格言：「真正的偉大，即在於以脆弱的凡人之軀而具有神性的不可戰勝。」人才由磨煉而成，稍遇挫折，身處逆境，就一蹶不振、停滯不前的人絕不會成功。大多數時候，我們面對逆境時所需要的美德就是堅韌。一帆風順固然令人羨慕，但逆水行舟則更令人欽佩。因爲大凡成功之人，絕不喜歡平穩凡庸的生活，而有膽量去嘗試一些困難的、冒險的，但卻有內容、有意義的生活。因爲他們知道，當困難克服了，險境過去了，他們才會嘗到一些人生的真味，他們才會真正收穫成功的快樂。

對於處於劣勢的人來說，如果你總是爲自己的命運抱怨哀悼，那麼你就永遠無法在商場中達到一定的高度。卡內基認爲，人要有積極的心態，他眼中的世界才會大不一樣。就算自己懷才不遇，就算自己的人生不盡如人意，但如果能以正確的心態來改變對世界悲觀的想法，那麼他的世界還是會充滿光明和希望。

很多時候，命運往往是這樣，你相信會有什麼結果，就可能會有什麼結果。假使你看待自己的未來是光明的，那麼生命的陽光必然將你的前程照亮。假使你永遠只是一副消極悲觀的態度，那未來的一切事物在你眼中都會被蒙上一層灰色的暗淡，當你對自己失去信心時，世界也對你失去了信心。

作爲一個旅行家需要勇氣，也唯有有勇氣承擔旅途風險的人才可以到達人生的勝境，才可以領略到一般人所領略不到的「化險爲夷」的樂趣。因此，逢到逆境時，我們要學會忍一忍、熬一熬，再多拿出一分勇氣和信心。不要只看旅途的艱苦，而要把希望的燈光點亮，去照見你所想要去的地方。

第五課

抓住世界的財富

1 為財富努力的心

資本限制了許多夢想將來成爲企業家的人——真的是這樣嗎?只要你分析一下富比士榜上那些富豪的發家史,你會發現其中有許多出身草根的巨頭。

那麼,這些人是如何讓自己令人矚目的帝國騰空而起的呢?答案並不複雜也並不神秘——他們是靠著汗水、節儉、努力、頑強以及一點點好運氣的眷顧。

卡內基曾經說過:「有兩種人永遠將一事無成,一種是除非別人要他去做,否則絕不主動去做事的人;另一種則是即使別人要他去做,也做不好事的人。那些不需要別人催促就會主動去做應該做的事、而且不會半途而廢的人必將成功。」也就是說,在這個世界上,沒有誰生來就註定一輩子貧窮,關鍵在於是否有那顆肯爲財富而努力的心。

年輕時候的卡內基,爲了受教育而奮鬥,便隨同家人一起住在密蘇里西北部的老農場裡。可不幸的是,農場因爲一連串自然災害的打擊而變得支離破碎，銀行又取消了他家抵押品的取贖權來恐嚇他們，這樣的打擊使年輕的卡內基感到失望而病倒。

家人爲了維持生活，不得已用田產作爲抵押來換取微薄的錢財，然後在師範學校附近購置了一個低價的農場。

當時以一塊錢的購買力，就可以幫助一家人在鎮上獲得食宿，可是卡內基家根本就無力支付，所以只能住在鄉間，而卡內基必須每天騎馬去學校，因爲要經過一段將近五公里長的路程。那個時候卡內基時常一邊複習功課，一邊幫助家裡照顧農場。他時常在煤油燈的光亮下研究拉丁文動詞，直到眼睛模糊，才垂下頭打盹。

也許是在這種環境下生活久了，卡內基逐漸有了自卑的心理，但他並沒有因此而意志消沉，仍一心尋求如何成名的快捷方式。

卡內基發現學校裡享有權力和聲望的通常都是足球、棒球隊的隊員，或者是辯論、演講比賽的優勝者。卡內基知道自己沒有運動的才能，於是決心要在演講比賽上成爲優勝者。

卡內基爲此付出了幾個月的時間以及大量的精力，並用比常人高出很多的標準來要求自己。不僅如此，他爲了充分利用時間，經常是一邊做事一邊練習，比如他利用坐在馬鞍上疾馳往來學校的時間練習，在擠牛奶的時候練習。

儘管這次比賽卡內基沒有取得優勝，但他並沒有向命運低頭，仍然執著地向著目標前進。他的努力沒有白費，命運開始青睞卡內基，卡內基獲得了學校演講比賽的優勝，而且不止一次。

別的學生請卡內基指導、訓練，他們也獲得了優勝！幾次演講比賽的成功可謂爲卡內基日後的事業發展奠定了基礎，卡內基也認爲，只要堅定自己的方向走下去，一定能夠獲得自己想要的成功。

窮人與富人的最大差距不是「起步價位」的多少，而是有沒有主動創造財富的信心與勇氣。不是每一個富人生來就富有，白手起家的富人有很多，也許你沒有「富媽媽、闊爸爸」，沒有比爾蓋茲做你的乾爸，但只要你能堅持自己的理想，努力拼搏、積極進取，那麼就能成爲別人的「富媽媽，闊爸爸」，甚至是像比爾蓋茲那樣富有的人。

財富的獲取是需要自己努力爭取的，或許你的起點低，可是只要你能夠想方設法地為自己填補這些「漏缺」，用後天的努力來填補先天的不足，你就能突破所有局限，走向成功。

凱西馬蒂斯出生在美國一個簡樸的勞動家庭，爸爸是一個餐館的普通服務員。一九六六年，凱西馬蒂斯高中畢業後，成為一名普通的零售店行業銷售員，他與一家曼哈頓小型超市的店主相處甚好，於是他認真學習管理方法，積累了許多經驗。

四年後，這家店主給了他一家店百分之五十的股份，不過要求他在未來的十個月內，每月交一千美元才能真正得到這些股份。

在巨大的壓力面前，凱西馬蒂斯並沒有退縮，決心抓住這次難得的機遇。憑藉著豐富的經驗和辛勤的努力，他在短短幾個月內，使商店的銷售業績翻了一番。此時，還只有二十出頭的凱西馬蒂斯已經能夠每週賺取五百美元了。後來他在還有八個學分的時候，放棄了紐約大學的學位，開辦了自己的連鎖零售店，也就是紅蘋果集團。

公司建立最初，凱西馬蒂斯缺少上貨的資金，但他並不感到灰心，憑藉自己的魅力說服供應商，為他提供賒賬購買。廿五歲時，他已經擁有十家零售店——沒有債務——以兩千五百萬美元的銷售額達成一百萬美元的利潤。

骨子裡相信自己會成爲富人的人，大多會選擇迎難而上、忍辱負重，他們沒時間去理會命運的分配是否公平合理，也沒精力去算計自己的付出與收穫是不是成正比，他們只相信命運永遠掌握在自己的手中。而那些認爲自己命中註定會貧窮的人則不這樣認爲，他們會在第一時間爲自己的平庸表現找到藉口，並且會積極尋找身邊與自己處境相似的「同僚」傾倒苦水，將別人的不如意當作安慰自己的一劑良藥，從而得到內心短暫的滿足，這樣的人終究無法擺脫貧困。

因此，即便你現在身無分文，即便你現在毫無經驗、缺少學識，但是只要你有一顆向上拼搏的心，那麼經過日積月累的磨煉和積累之後，你也能建立起屬於自己的財富王國。

2 借力打力，收穫更大

卡內基認爲，任何金錢都具有流動性，這種能源是獨一無二的。很多人拿著錢不主動投資，等於讓錢失去自身的特性變成「死錢」。而懂得利用金錢的特性的人，他們會不斷地把錢用於投資，並且善於「借力打力」，用貸款來投資，從而收穫更大。

迪士尼樂園也是通過借用別人的資金才得以發展和完善起來的。

在迪士尼樂園開辦之初，只有會簡單動作的假動物，並不吸引人的眼球。於是，華特開始致力於研究製造像真實人物一樣會動的東西，並為其取名「迪奇屋」。「迪奇屋」的表演贏得了觀眾無數次的歡呼。

但是華特並沒有就此滿足，他計畫在樂園中展示美國歷史，稱為「總統之廳」，設想把每位美國總統做成真人大小的塑像，把他們的談話和動作都活靈活現地模仿出來。但是華特當時並沒有足夠的資金。後來他想了個辦法，就是尋找能為自己提供資金支援的公司或者個人。

當時，紐約正準備舉辦一次博覽會，各大公司都要花很多錢在那裡建造展覽場所。華特馬上想到，何不利用這次展覽會的機會呢？

在華特的努力下，終於有公司願意與其合作了，它們是福特公司、通用電器公司和百事可樂公司。接下來，就是他大顯身手的時候了。華特借此機會向大家展示自己的技術，為福特公司設計的是「神奇天道」。為通用電器公司設計的是一個戲院，名曰「進步世界」。

在華特及其員工的努力下，這些策劃均得到支持者的認可，資金也就有了。出人意料的是，紐約世界博覽會主席對「總統之廳」的幻燈片和林肯模型非常欣賞，決定讓「總統之廳」在博覽會中展出。後來，這些策劃都受到人們熱烈的歡迎，取得了巨大的成功。

根據合約，通用電器公司和福特公司各付一百萬元的技術費用。但展覽結束後，華特提出：如果兩家公司把展覽移到迪士尼樂園，這些費用便算作搬運費。兩家公司考慮到把展覽搬到樂園展出，不是等於擴大我們的影響嗎？而且還免於展覽場地費及維持費用，何樂而不為呢？於是，「進步世界」和「神奇天道」就成了迪士尼樂園中兩處吸引人的焦點。迪士尼公司「用他人的錢發展自己的技術」的目的也如願以償。

當然，我們在借他人的錢來發展自己的過程中，一定要保證自己的技術過硬，這樣，「利用別人的資金來發展自己」的效應才會更有益於企業的前途。

在用借貸的錢來開創自己的事業方面，美國商界大亨丹尼爾洛維格也是一個成功的範例。

丹尼爾洛維格年近四十歲的時候，很想買一艘貨輪，然後把它改裝成油輪，因為運油比運其他貨物更賺錢。可是當時他幾乎一無所有，找了幾家銀行，銀行職員看到他磨破的衣領，毫不猶豫地拒絕了他。

就在絕望之際，洛維格終於想到了一個好辦法。他有一條尚能航行的老油輪，他把它重新修理改裝，並精心「打扮」了一番，以低廉的價格包租給一家大石油公司。然後，他帶著租約合同去找紐約大通銀行，說他有一艘被大石油公司包租的油輪，如果銀行肯貸款給他，他可以讓石油公司把每月的租金直接轉給銀行，以分期抵付銀行貸款的本金和利息。

因為洛維格有一條油輪，並且那家石油公司信譽很好，大通銀行沒有要求他提供擔保物，就直接把款貸給了他。拿到錢後，他立即購買早已物色好的一條老貨輪，並迅速把它改裝成油輪，然後立即包租出去。接著，他採取同樣的方式，把油輪包租給石油公司，獲取租金，然後又以租金為抵押，重新向銀行貸款，貸到款後又去買船，如此循環往復，像滾雪球似的，一艘又一艘油輪被他買下，然後租出去。等到貸款還清，整艘油輪就屬於他了。隨著一筆筆貸款逐漸還清，油輪的租金不再用來抵付給銀行，而轉入了他的私人帳戶。

洛維格將自己這次「借雞生蛋」的經驗複製到其他事業上，終於擁有了一個龐大得不可思議的跨國公司，這個公司擁有遍佈世界的眾多產業：許多家信貸公司，許多家旅館，許多家鋼鐵廠……此外，他還擁有一支可以和世界船王的船隊相媲美的世界級船隊！

在現實生活中，還有許多這樣的成功案例。這些用借貸來投資的人，憑藉敢想敢做的魄力和高明的經營手段，在很短的時間內就積累起大量的財富。這是許多用常規方法賺錢的人，一輩子也很難做到的事。

想要發財，就不能抱著在等待中撿漏的念頭，而是主動出擊，積極創造有利條件。別總是抱怨沒有錢就無法做自己的事業了，把自己的思路拓寬，把自己的眼界提高，把自己的魄力加大，你就會發現借貸投資是快速積累財富的最有效方法。

3 學會「搭便車」

卡內基在其成功學中說過：「要想致富，很簡單，善用別人的錢賺錢，是獲得巨額財富的好方法。」這其實與上面所說「搭便車」的方式一樣，充分利用朋友之間借力與合作，你會從中獲取很大的好處，這也是加速成功的奧妙所在。

在商界，利用他人的平臺來爲自己謀求利益，是許多商界精英採用的高明手段。但這種「搭便車」必須遵循兩個原則：「你情我願」和「雙贏」，首先，「你情我願」是「搭便車」的先決條件，也就是說，想「搭便車」的人必須讓對方心甘情願地幫助自己。要做到這一點，除了要有比較好的人際關係，還要在合作中拿出足夠的誠意。其次，「雙贏」是「搭便車」的最佳結果。「搭車」的人得到了自己想要的利益，「被搭車」的人也圓滿完成了最初的目標，在這樣的情形下，雙方很可能開展更進一步的合作。

莫洛擔任美國摩根銀行股東兼總經理的時候，年薪高達一百萬美元，後又擔任美國駐墨西哥大使，一時在美國聲名鵲起。但最初僅僅是一名法庭書記員的莫洛，後來緣何有如此驚人的成就呢？

莫洛一生中最大的轉捩點，就是他被摩根銀行的董事們看中，被推上摩根銀行總經理的寶座，一躍成爲全美商業鉅子。據說，摩根銀行的董事們選擇莫洛擔當此重任，不僅是因爲他在企業界享有盛名，更因爲他在企業界和政府官員中具有好人脈。

「搭便車」並不是投機取巧，也不是鑽營投機；它是高財商與發達的人脈相結合的產物，是既快捷又省力的發財之道。因此，每個爲創富而奮鬥的男人，都應該學會「搭便車」。巧用「搭便車」，將大大減少成功的難度。

4 讓別人主動與你合作謀富

卡內基在《人性的弱點》中說道：「你對你自己所發現的意念，是不是比別人代你說出的更信得過？如果是的話，你把你的意見，硬生生塞在別人喉嚨裡，這是不是錯誤的觀念？如果提出意見，啓發別人自己去得到他的結論，這不是一個更聰明的辦法嗎？」

沒有人喜歡被強迫去做某事。如果你想得到別人的合作，就要徵詢他的意見、需要，讓他自己總結出共同的目標，使他覺得自己是出於自願來做這件事的。讓別人認爲某個主意是他自己想出來的，這種策略不僅可以在商業和政壇中運用，同樣還可以在家庭生活中加以運用。提出建議，再讓別人去得出結論，並認爲那是他自己的想法而樂意接受，那樣做你就可以贏得他人的合作。

在卡內基的授課班中，有一位來自費城的名叫賽爾茲的學員。有一次，他心血來潮，突然覺得自己很有必要給那些意識散漫的年輕汽車推銷員來一次激動人心的演講，以便灌輸給他們一些熱情和信心。

在推銷員會議上，他慫恿這些員工告訴自己，希望從自己身上得到些什麼。然後他把員工們所提出的意見，全部都寫在了小黑板上。他說：「我可以給你們所希望得到的，可是希望你們告訴我，我在你們身上，能獲得些什麼？」很快，他便得到了滿意的回答，那是忠心、樂觀、進取、誠實、合作，每天八小時的熱忱工作。其中更有人願意每天工作十四小時。

這次會議可謂是非常成功，在場幾乎所有的員工彷佛一瞬間都被灌注了新的勇氣和激情，個個都顯得鬥志昂揚，充滿了朝氣。賽爾茲非常興奮地告訴卡內基目前公司的銷售激增，而且公司發展越來越好。

賽爾茲說：「我和他們作了一次精神上的交易。我對他們的要求盡我所能地提供幫助，所以他們也盡了最大的力量來回報我。跟他們商談他們的需要，那是他們極願意接受的。」

沒有人喜歡強迫自己去買一樣東西，或是被人強迫去做一件事。我們都喜歡隨自己的心願買東西，或是照著自己的意思去做事情。同時，希望有人跟我們談談我們的願望、需要、想法。讓對方滿意，是生意場上獲取對方信任最快、最有效的方法。

其實不管你以後是做老總也好，做生意場上的夥伴也罷，可以肯定的是，在這個社會上行走，一點虧都不吃是完全不可能的。將自己的榮耀推讓給他人，讓他人摘得桂冠，滿足他人小小的虛榮心又有何不可呢？這樣一來，不僅照顧到他人的自尊，而且還會贏得更多來自他人的關注，雙方開展的合作不就順暢多了麼？

卡內基說：「你要影響別人而使他同意你的建議，那麼請務必使對方以爲這是他的意念。這就是你獲得與他人達成共同目標的一條捷徑。」大家可以逆向思考一下，如若他人總是能夠站在我們的角度思考問題，總是考慮我們的意見和觀點，那麼我們也會非常樂意同對方的目標達成一致。

人心是一桿秤，如果你能使自己做到不斤斤計較，對別人不過分苛求，待人寬厚，你周圍的人就會信賴你、尊重你，你就會有一個寬鬆而和諧的生活氛圍，你就會時時有很開心的感覺。而在你需要幫助的時候，他人也會欣然地全力幫你，有了這樣的條件、基礎，你還會發愁事業受阻嗎？

5 堅持雙贏原則

一個人不可能獨立地在社會中生活，人與人之間的合作與競爭是我們社會生存和發展的動力。那麼爲什麼人生既要自立又要合群呢？

卡內基曾經說過：「團體組織的第一個原則就是友好地合作，人們在一起可以做出單獨一個人所不能做出的事業，團結合作就是成功的基礎。」在商業競爭中，只有懂得善於借助朋友的力量並與之通力合作，才是提高賺錢效率的最佳方案，而且通力合作還能讓彼此之間帶來雙效增收。

聖瑪諾是美國著名的百貨公司聖瑪諾皮埃爾公司的創始人之一。他一生最大的長處，就是他善於與人合作，這也是他成功的最主要因素。

聖瑪諾在剛開始創業的時候，飽嘗了「夥伴難找」的滋味。直到一天晚上，他遇到了在自己的事業中起關鍵作用的人皮埃爾。兩人一見如故，而且當他們談到興高采烈時，居然隔著桌子熱情地擁抱在一起。以兩人姓氏為名的世界性的大企業「聖瑪諾．皮埃爾公司」在這次擁抱中誕生了。合作帶來了新的財力和機遇，聖瑪諾如虎添翼，公司第一年的營業額就比聖瑪諾單幹時增加了將近十倍，高達四十萬美元。

合作的第二年，公司營業額增長更快，這種發展速度是二人始料未及的。在他倆明顯地感到力不從心之後，皮埃爾提議說：「我們何不請一個有才能的人參加我們的生意？」聖瑪諾對他這個建議由衷地讚許道：「好吧，我們為我們的生意找個老闆。」

聖瑪諾和皮埃爾經過幾番謀劃、考察，終於，一個布店老闆進入了他們的視線。這是一家人群擁擠的布店，門前貼著的大紙上寫道：衣料已售完，明日有新貨進來。而那些搶購的女人，唯恐明天買不到，紛紛預先交錢。聖瑪諾和皮埃爾對這種場面非常好奇，於是詢問了店裡的夥計。夥計解釋說，這種法國衣料原料不多，難以大量供應。聖瑪諾知道這種布料進得不多，但並非因為缺少原料，而是因為銷路不好，沒法再繼續進口。看到布店老闆對女人心理如此巧妙地運用，以缺貨來吊起時髦女性的胃口，他實在覺得這個老闆經營手法高人一籌，令人折服。

聖瑪諾和皮埃爾不約而同地認為：這個人就是他們要找的人。然而，當他倆與店主見面時卻大出意外，不禁面面相覷。原來這位店主他們早已認識好幾年，只是對這位名叫大衛斯的店主沒有什麼特殊的印象。

寒暄之後，聖瑪諾開門見山地對大衛斯說：「我們想請你參加我們的生意，坦白地說，想請你去當總經理。」大衛斯在瞭解到實際情況後，欣然應允。

當上總經理的大衛斯為報知遇之恩，工作非常投入，取得了驚人的成就。聖瑪諾皮埃爾公司聲譽日隆，在十年中，營業額竟增加了六百多倍。一時間，該公司已擁有三十萬名員工，每年的銷售額將近七十億美元。

卡內基認爲，在商業的管理系統中，組織是個大團體，而其下屬各部門則是小團體。每個部門都有各自的領導。各部門雖然各有其相對獨立性，但它們都必須爲企業總目標服務，而且在實現這個目標的過程中，要進行合作。

合作是件快樂的事情，有些事情人們只有互相合作才能做成。美國加利福尼亞大學的查理斯卡費爾德對美國一千五百名取得傑出成就的人物進行了調查和研究，發現這些傑出成就者有一些共同的特點，其中之一就是喜歡與自己而不是與他人競爭。他們更注意的是如何提高自己的能力，而不是考慮怎樣擊敗競爭者。

事實上，多數成就優秀的創富者關心的是按照自己的標準盡力工作，如果他們的眼睛只盯著競爭者，就不一定能取得好成績。由此看來，合作具有無限的潛力，因爲它集結的是大家的智慧和力量，每位在商業上努力攀登的人都應該懂得合作雙贏的重要性。

夏普公司建立的平面螢幕電視機生產廠，由東芝公司為其提供晶片，而作為交換，夏普公司則為東芝公司提供液晶電視機產品。這樣一來，東芝公司成為夏普公司一個重要客戶，也是重要的合作夥伴。

這兩家日本技術廠商之間的合作並不僅僅局限於擴大公司在快速增長的液晶電視機市場上所占的份額。東芝還打算為夏普公司提供一系列客製化電視機晶片，這些晶片將能夠滿足高端數位平面螢幕電視機功能不斷增長的需求。

夏普與東芝展開雙贏合作，成效顯著，在東京股票交易市場，夏普股票上漲了百分之二點九，東芝股票也上漲了百分之二點五，均超過日經股票平均指數百分之一點五的漲幅。足以說明雙方的合作是明智的。

當然，合作為兩家企業帶來的好處還有很多，根據雙方的合作意向及內容，東芝將從全球最先進的螢幕廠商，即夏普處獲得一個可靠的大中型液晶螢幕供應源。一改它過去從其他日本公司那裡購買電視機螢幕的歷史。

而對夏普來說，夏普可以通過這項交易節省數十億美元的晶片研發成本，然後將充足的資金投資到液晶電視所需的大尺寸專業玻璃生產廠的建設上。到二〇一〇年，東芝液晶電視機所需的螢幕將有百分之四十是由它提供的，夏普公司電視機所需的晶片，則有一半左右是由東芝生產的。雙方之間往來交易的規模將增加六十億到七十億美元，最終會達到兩百一十億美元左右。

夏普與東芝的雙贏合作，爲雙方帶來了利益上的豐收。無獨有偶，許多國際性的大企業也是通過合作的方式來實現利益增長的。處在創業初期的企業，同樣可以依靠合作的方式，與合夥人在雙贏的基礎上，實現利潤均漲，爲企業的未來之路開創更廣闊的發展空間。

「合作共贏」是利用人脈賺錢的最高境界，無論你合作的夥伴是誰，也無論你合作的方式是怎麼樣的，這種建立在資源分享的前提下的合作，始終是現代商業競爭中最有發展潛力的。所以，每一個想要賺錢的人，都應該在做生意之前先想一想，自己身邊有沒有可以實現合作雙贏的人脈資源可以利用。

任何一位職場人士如果缺乏團結一致的合作精神，是不可能使合作產生高效和默契的。這就像幾匹馬拉一輛車行駛一樣，當所有的馬朝著一個方向步調協調地奔跑時，這輛車才能跑得最快。如果每匹馬都朝著不同的方向前進，這輛車非但難以前行，而且還可能馬倒車翻。

好萊塢明星葛麗嘉遜曾說過：「如果你想做成一件事，有三點很重要：合作、嘗試和機遇。合作是最基本的，是否去嘗試取決於你自己；至於機遇，據我所知，它一直都在那裡。」這一席話道出了成功的最佳捷徑——合作。所以，只有學會了與他人合作，我們才能順利架起通往成功的橋梁。

6 激勵別人，你也會成為富人

每個人都能通過自我暗示或他人的暗示讓激勵標記產生作用。一種最有效的形式就是有意記住一句自我激勵語句，以便在需要的時候，這句話能從下意識閃現到有意識。卡內基強調：「即使是最微小的進步，我們也要稱讚、激勵他人繼續進步。」

巧妙地利用讚美式的正面激勵法，才會充分啓動對方的積極性，進而有效地幫助對方走向成功。當對方成功後，進而也會帶動你的致富之路。所以，如果你想有效地影響他人，就必須學會激勵，也只有這樣，才能將塵封在他人心裡的積極性、主動性充分地調動出來。

卡內基在其教學中，曾經給學員們講述了這樣一個故事：

阿廉方索斯本是一個體弱多病的孩子。他在小學遇到一位優秀的老師，這位老師對他說：「我激勵你成為學校中最健康的孩子！」「我激勵你」成了阿廉方索斯一生自我激勵的語句。

他果真變成了學校中最健康的孩子。他在八十五歲逝世前，幫助數以千計的青年獲得良好的健康，他還幫助他們立志高遠，做事剛勇。正是激勵他人，為他贏得更多來自他人授予的榮譽。

後來，「我激勵你」這句話一直伴隨他建立了美國最大的公司之一——若爾斯通培里拉公司。同時，「我激勵你」激勵著他從事創造性的思考，把負債轉化為資產，也激勵著他組織美國青年基金會——它的目的是訓練男女青年獨立生活的能力。

在「我激勵你」這句話的影響下，阿廉方索斯著手寫下自己的第一本書，名叫《我激勵你》。這本書激勵人們勇敢地把這個世界改造為更好的社會。阿廉方索斯也憑著自己良好的聲譽使這本書行銷萬冊，並且在商場上如風馳騁。

安東尼羅賓曾經指出，要想成功，你必須學會引動別人內心深處的積極性讓他們發揮潛能，你必須「給他們的油箱加油」。卡內基講，在以人爲核心的管理科學中，激勵理論受到格外的青睞不是沒有道理的。人的需要結構和動機體系都是在一定的社會環境中建立起來的，環境對人們心態的影響常常表現爲一種刺激，如果這種刺激是一種良性刺激，不論是來自內部或外部，都會對需要結構的調節和需要層次的提高產生良好作用，這便是激勵。

有句話說得好：「與智者同行，你會不同凡響；與高人爲伍，你能登上巔峰。」當你通過激勵他人，幫助他人獲得成功之後，同樣的你也會得到一定的昇華。因爲當你與成功者站在一起的時候，他同樣也會激勵著你邁向更高之峰。

在玫琳凱公司工作的所有員工，在他們來公司的第一個月內，都會受到玫琳凱的親自接見；每到他們生日的時候，都會收到玫琳凱的生日祝福卡；此外，每當員工取得比上次優秀的成績時，員工所在的分公司都會給員工頒發一條緞帶作爲紀念；在公司總部，每年還會舉行一次「年度討論會」，能夠參加此次討論會的員工，都是從公司中選拔出來的業績優異的突出代表；在每次公司例會中，還會派請公司中有資歷的人員上臺發表演說，介紹他們自己的成功之道，以供其他員工學習。

當有人詢問實行此模式的原因時，身為公司總裁的玫琳凱女士認為：「讚美是激勵下屬最有效的方式，也是上下溝通中最有效果的手段。只要你認真尋找就會發現，許多運用激勵他人的機會就在你面前。」

玫琳凱公司正確而科學的做法，給人們留下了這樣的啟示——想讓他人表現得更好，就對他人進行正面激勵。

肯尼斯古地曾經說過：「如果你從別人的角度多想想，你就不難找到妥善處理問題的方法，因爲你和別人的思想溝通了，就有了彼此理解的基礎。」工作中加強與下屬之間的聯繫，還能提高工作效率，讓工作進展得更加順利，這樣還能爲公司帶來更多的財富。

有人說過：「我們的潛能是一座待開發的金庫，別人善意的提醒可以指引我們開發！」可想而知，正確的鼓勵指引，欣賞別人是多麼重要！正視別人的優點和缺點，給予他人鼓勵欣賞，讓他人改掉缺點，你將成為他的良師；而學習他人的優點，他也將反過來成為你的益友。

所以，激勵他人，讓對方走向成功，讓對方反過來指引你的成功之路，那麼你同樣也能走向致富之路。因為激勵他人，你將會收穫到更多的成功與樂趣。

7 助人者，人恆助之

卡內基曾經說過：「不要錯過任何一個做好事的機會，每天都思索一下它對你的意義。你也許不能體會所有的意義，但至少，你幫助了別人，這就是一種友好的表示，別人起碼也會回報某種程度的友善。」

一個人要想獲取財富，若只顧自掃門前雪，把幫助別人看作是「自找麻煩」、「自討苦吃」的人，是絕對不會成功的。拓展人際關係的一大法寶就是伸出熱情的手，去幫助和關懷別人，因爲我們適時地拉別人一把，那麼別人對我們也定會有「滴水之恩，當湧泉相報」的感激。

在卡內基《人性的優點》中有這樣一個故事：

有一個人被帶去觀賞天堂和地獄，以便比較之後是否能聰明地選擇他的歸宿。他先去看了魔鬼掌管的地獄，第一眼看去令人十分吃驚，因為所有的人都坐在酒桌旁，桌上擺滿了各種佳餚，包括肉、水果、蔬菜。

然而，當他仔細看那些人時，他發現沒有一張笑臉，也沒有伴隨盛宴的音樂或狂歡的跡象。坐在桌子旁邊的人看起來很沉悶，無精打采，而且皮包骨。他還發現每人的左臂都捆著一把叉，右臂捆著一把刀，刀和叉都有四尺長的把手，使他們不能用來吃東西。所以即使每一樣食品都在他們手邊，結果還是吃不到，一直在挨餓。

然後他又去天堂，景象完全一樣：同樣有食物、刀、叉與那些四尺長的把手，然而，天堂裡的居民卻都在唱歌、歡笑。他懷疑為什麼情況相同，結果卻如此不同：在地獄的人都挨餓而且可憐，可是在天堂的人吃得很好而且很快樂。

最後，他終於看到了答案：地獄裡每一個人都試圖餵自己，可是一刀一叉以及四尺長的把手根本不可能吃到東西；天堂裡的每一個人都會餵對面的人，而且也被對方所餵，因為互相幫助，結果幫助了自己。

這個故事雖然很古老，但同時也給予我們一定的啓示：如果你幫助其他人獲得他們需要的東西，你也會因此而得到想要的東西，而且你幫助的人越多，你得到的也越多。在創富之路中，大多數人之所以成功，其實同樣也運用了這個道理。

有這樣一句名言：「幫助別人往上爬的人，自己也會爬得很高。」如果你幫助他人獲得他們需要的事物，或者幫助他人壯大了自己，當他得了利、賺到錢之後，作爲回報一定會反過來幫你賺錢，這時候，你得到的必然會比付出的多！

朋友有時就是一種互助關係，如果你不肯在朋友需要幫助的時候伸出援手，那麼你終究也會陷入孤立無援的境地。所以，一定不要在朋友遇到困難的時候悄悄走開，而要全力相助。你給朋友在風雪中送去的無比寶貴的炭，會讓他永遠對你心存感恩，他也會在你需要幫助的時候，毫不猶豫地伸出援手。

在這個商品經濟時代，越來越多的人表現出自私自利的人性弱點，有人甚至為了自己的利益，不惜損害別人的利益。我們應該明白，世事無常，誰都不知道將來會需要誰的幫助，與人方便，自己方便，何樂而不為？

美國埃哈伯德說：「聰明人都明白這樣一個道理，幫助自己的唯一方法就是去幫助別人。」幫助別人解惑，自己獲得知識；幫助別人掃雪，自己的道路更寬廣；幫助別人，也會得到別人友善的回報。

懂得善用人脈資源的人，首先想到的不是得到，而是給予：給予別人幫助、給予別人扶持。因此，只要你真正地將「助人者，人恆助之」這句話學以致用，相信任何一種社會關係都會在你的手中變成一座任你開採的人脈金礦！

第六課

溝通力——贏得友誼和財富的方式

1 最賺錢的本事

卡內基曾經說過：「人性的弱點之一就是喜歡別人的讚美。讚美他人時，應注意場合、分寸、對象，要恰到好處，要真誠。」

讚美是對一個人的工作、能力、才幹的肯定。通過他人的讚美，人們才能瞭解自己的行爲活動的最後結果。讚美是一個人對另一個人的行爲最直接的回饋，這種回饋如果及時、適度，就可以讓被讚美的人心情愉悅，同時對讚美他的人心懷感激，產生信任。所以，對於要經常出席各種社交場合的人士來說，都應該學會讚譽他人的本事。

卡內基曾經試著運用讚美他人的方式來融洽人與人之間的關係。他設計了一項實驗，讓五六名學員一組，彼此面對面地讚美對方，雖然每一個人所講述的內容並沒有限制，但卡內基要求他們必須真誠、由衷地讚美對方。

當學員們持續地進行讚美活動時，很快就發現卡內基如此實驗的真正意義。學員們因誠實和真誠的感謝及各種發自內心的讚美，使每個人都感到自己的重要性，從而增強了生活的勇氣。

實驗的結果每個人都不同，然而在卡內基課程的鼓勵氣氛下，無人表現不佳。卡內基由此得出結論：生活是需要讚美的，儘管人人都有缺點，但適當的讚美是對人的鼓勵和鞭策。同時，這些讚美詞還可以增強人們的自尊和信心。

美國心理學家之父、哈佛大學教授威廉詹姆斯說：「人性中最本質的渴望，是得到別人的讚賞。」每個人的心靈深處都有一種被欣賞的渴望，讚美能帶來滿意愉快的情緒體驗，而欣賞與被欣賞則是一種互動的力量之源。

其實，在各種交際場合中的每個人，不管是優秀的還是一般的，是領導還是職員，當他感覺到被稱讚時，便得到了一種動力，一種肯定，能固化他的自信心，啓動他的創造性，是促進其進一步提高和發展的強心劑。

詹姆斯曾經說過：「與我們本來應有的成就相比，我們不過是半醒著。廣義地說，人類的個體就這樣地生活著，遠在他應有的極限之內；他有著各種力量，從未被利用過。是的，我們從未被利用過的各種力量中，其中之一就是『稱讚他人的每個進步』，發掘他人可能潛在的神奇能力。我自知在這方面做得還很不夠，因此需要時時提醒自己，加倍努力。」

瓊斯是芝加哥的大富翁，同時也是一位熱情的慈善家，他把大量的時間和金錢都奉獻給了心臟病的研究，這也是他最熱心的一樁公益事業。

一次，國會參議院的一個委員會，正在就建立全國心臟病基金會的可能性進行調查，他們邀請了瓊斯到會作證。當瓊斯帶著這些準備好的發言資料出席聽證會時，他發現自己被安排在第六個發言作證，而在他之前的五位發言人都是著名專家，這些人都具有很強的專業知識。然而就是這樣，委員會仍然會對他們每個人的資格都一一進行盤問。

在輪到瓊斯發言的時候，他卻放棄了自己的演講稿，他走到議員們面前，對他們說：「先生們，我本來準備了一篇發言稿，但我現在決定不用它了。因為，我怎麼能同剛才已發表過高見的那幾位傑出人物相比呢？他們已經向你們提供了所有的事實和論據。」

瓊斯看了看眾人後，繼續說：「其實我在這裡，主要是要為你們切身利益而向你們作呼籲。你們是美國的優秀分子，都肩負著重大的責任。現在你們正處於一生事業的頂峰。你們日夜為國家嘔心瀝血，工作又那麼緊張和辛勞，正因為如此，你們的心臟最有可能受到損害，你們也最容易成為心臟病的首先犧牲者。」

說到這裡，那些參議員們動容了，都在心裡暗忖：是啊，像我們這麼辛勞的人確實容易患上心臟病。於是他們都微微點頭贊同瓊斯的話。

見到參議員們的反應，瓊斯接著說：「所以，為了你們自己的健康，同時也為了你們家庭中時常祈禱你們安康的妻子和兒女，還有那些千千萬萬個把你們送進這個大廳的選民們，我呼籲和懇請你們對這個議案投贊成票！」

瓊斯這一席話富含感情，因為涉及到議員們的切身利益，所以得到了議員們的認同，而這個提案也很快通過。不久，全國心臟病基金會就由政府創辦了，而瓊斯則成為基金會的首任會長。

雖然，人們希望得到讚賞，但讚賞應該能真正展現它們的價值。也就是說，人們希望你的讚賞是你思考的結果，是真正把他們看成是值得讚美的人，並花費了精力去思考才得出的結論。真誠是讚美的前提，失去前提，讚美便失去意義。

讚譽，是一個人最賺錢的本事。一個懂得稱讚他人的人，在商場的起伏中必然會穩如泰山，受到他人的熱切歡迎，因爲沒有一個人會不喜歡被真誠的讚美所包圍。因此，學會讚美他人，這樣你才能在商場中如魚得水。

2 讓別人替你賺錢

卡內基認爲，關心他人與其他人際關係的原則是一樣的，必須出於真誠。不僅付出關心的人應該這樣，接受關心的人也應當如此。如此看來，生活中我們一定要學會關心和照顧他人，因爲只有學會「關照」他人，我們才能將人脈網織得更廣。

每個人都希望被他人所關心。你對他人的幫助或者援助，只要做得恰到好處、關鍵及時，那麼你肯定會得到他人最爲真誠的對待和關照。對於想讓他人在商場上與自己同心合作的人來說，只有練就真誠地關照他人的方式和方法，才更加能獲得他人的信任。

一九六四年，六十八歲高齡的土光敏夫就任東芝董事長，他經常不帶秘書，獨自一人巡視工廠，遍訪東芝散設在日本各地的三十多家企業。

身為一家公司的董事長，親自步行到工廠已經非同小可，更妙的是，他常常提著一瓶一公升的日本清酒去慰勞員工，跟他們共飲。這讓員工們大吃一驚，有點不知所措，又有點受寵若驚的感覺。沒有人會想到一位身為大公司董事長的人，會親自提著笨重的清酒來跟普通工人們一起喝。因此工人們親切地稱讚他為「捏著酒瓶子的大老闆」。

土光敏夫平易近人的低姿態使他和職員建立了深厚的感情。即使是星期天，他也會到工廠轉轉，與保全人員和值班人員親切交談。他曾經說過：「我非常喜歡和我的職員交往，無論哪種人，我都喜歡和他交談，因為從中我可能聽到許多創造性的話語，獲得巨大收益。」

就這樣，土光敏夫通過對基層員工的直接調查，不僅獲得了寶貴的第一手資料，而且弄清了企業虧損的種種原因，還獲得了許多有價值的建議，更重要的是贏得了員工的好感和信任，從而使員工們更加用心地為他工作。

在與人交往的時候，我們總是想從別人那得到什麼東西。事實上，要想得到，必先施與。但「施與」也要講究技巧，並不是所有的「給予」都會有效果。如果是在別人不需要幫助的時候，你爲了表示自己的友好，非要主動幫忙，這樣非但不會起到什麼好的效果，別人反倒以爲你這是故意要讓別人欠你人情，並不是什麼真心實意的幫助。

在別人最需要幫助的時候提供給他最需要的幫助，這樣才能讓對方心懷感激、對你產生信賴。

著名作家海明威是一個朋友眾多的人。為什麼他的朋友這麼多呢？原因就在於，他對任何人都真心相待，毫不做作。

海明威在家中通常都不怎麼愛說話，是個相當嚴肅的人。可是在朋友面前，他的話卻相當多。只要有朋友來，他就廢除一切給自己寫作、給家人規定的戒律，一切以朋友為重。總之，他家的門和他自己永遠都是向朋友們敞開著的。

海明威還很愛畫畫，因此他也喜歡和畫家交往。所以他雖然因為參加過兩次世界大戰，腿腳受過傷，行動很不方便，但每次畫家朋友的大小美展他都一定會到，而且還會當場掏錢買畫。

他不想讓任何人受到冷落，同時也想讓每個畫家都受到社會尊重。所以，當很多生活窘迫的畫家拿著他們的作品來讓海明威挑選時，海明威絕不會讓他們掃興而歸，總是會很高興地留下一兩幅作品，而且當即付給他們稿酬。正因為這樣，到他家來的畫家們總是絡繹不絕。也正因為海明威對每一個人都那麼真切誠懇，所以贏得了眾多人的尊敬和信賴，有了很多可以交心的朋友。

人們更喜好被取悅，而不是被激怒；喜歡聽到褒獎，而不是被對方惡言相向；更樂意被喜愛，而不是被憎恨。因此，仔細地加以觀察，就能投其所好，避其所惡。

舉個淺顯的例子來說，如果你對一個人經常無微不至的呵護，必能打動對方的心，他一定深為你能注意其生活細節而感激不盡。反之，若是明知是讓對方討厭的事物，你卻總在不經意間觸犯了禁忌，對方必然會認為你是故意藐視他，以至於耿耿於懷。

這個世界上幾乎所有東西都是有價格的，但人情卻不是價格能衡量的。你用真誠的心換回來的人情，將會為你帶來難以想像的財富。

3 真心誠意地對別人感興趣

奧地利著名心理學家阿爾夫阿德勒寫過一本名為《人生對你的意義》的書。他在書中說：「對別人不感興趣的人不僅一生中困難最多，對別人的傷害也最大，人類的所有失敗，都出自這種人。」

阿爾夫阿德勒的這句話對卡內基的一生都有著深遠的影響，卡內基也由此體會到：「你要是真心地對別人感興趣，兩個月內你就能比一個光要別人對他感興趣的人兩年內所交的朋友還要多。」因此，只要你真心誠意地對別人感興趣，你就一定能贏得對方的好感。

許多年來，卡內基一直有打聽朋友生日的習慣，然後再記在專門的記錄本上。然後在每一年的年初，卡內基都把這些生日標記在月曆上。這樣一來，每當某人生日到來的時候，就會收到卡內基的信或電報。

效果很驚人，接到卡內基的生日祝福的人都對卡內基產生了好感，甚至引為知己。

由此，卡內基在朋友們中深受歡迎，卡內基班的學生們也增加了很多。

如果你想交朋友，你就要以愉快和熱情歡迎別人。而感興趣是愉快和熱情的最直觀表現。你對一個人保持足夠的興趣，注意到許多細節，那麼對方也會感受到你的真誠、熱情，願意和你成為朋友。

遠在耶穌出生的一百年前，著名的羅馬詩人西拉斯就已說過：「你對別人感興趣，是在別人對你感興趣的時候。」卡內基的經驗之談：首先，虛榮心會使我們失去朋友。其次，真心對別人感興趣，別人才會對你感興趣。最後，記住這條通用的規則，人永遠都最關心自己。

4 讓對方有面子

卡內基曾經說過：「我們常常無情地剝掉別人的面子。傷害別人的自尊心，抹殺別人的感情，卻又自以為是。我們在他人面前呵斥一個小孩或下屬，找差錯、挑毛病，甚至進行粗暴的威脅，卻很少去考慮人家的自尊心。其實，只要冷靜地思考一兩分鐘，說一兩句體諒的話，對別人的態度寬大一些，就可以減少對別人的傷害。而收穫的結果卻是難以想像的豐厚。」

卡內基曾經很榮幸能夠有機會同美國名傳記作家泰白爾女士一起用餐。當卡內基告訴她，自己正在寫《人性的弱點》這本書的時候，他們開始討論到與人相處的重要問題。

泰白爾告訴卡內基，當她撰寫楊歐文傳記時，曾訪問一位跟楊歐文同一辦公室三年的人。

結果那人說，在這三年中，他從沒有聽到楊歐文向任何一個人說出一句直接命令的話。楊歐文的措辭始終是建議，而不是命令。他平時對人的措辭是：

「你不妨可以考慮一下」或者是「你認爲那個有效嗎？」，當他擬完一封信稿後，經常會這樣問：「你以爲如何？」當他看過助理寫的一封信後，他會這樣說：「或者我們這樣措辭會比較好一點。」他總是給人自己去思考、去做事的機會。

即便是下屬做錯了，他絕不告訴他的下屬應該怎樣去做，而讓他們從錯誤中去學習經驗。像楊歐文的那種方法，使人很容易改正他原來的錯誤。運用那種方法，他保持了對方的面子，而且使那人有了自尊感。那種方法，也很容易取得對方的真誠合作，而對方不會有任何的反抗，或是拒絕。

讓對方有面子！這是多麼重要，然而我們卻很少有人想到這一點，對此，卡內基指出，在任何商業等交際場合中，我們都要學會適時地採用「建議」，而不是以「命令」的口吻去和他人商談，這樣不但能維持對方的面子，而且能使對方注意自己的錯誤，並與你合作。

卡內基曾經引述過會計師格雷琪給他的一封信：

「辭退雇員，不是一件有趣的事。被辭退的人，當然更不覺有趣可言了。我負責的業務，都是有季節性的，所以每年的三月我都需要辭退一批雇員。在我們這一行業中，有一句俗話——沒有人願意掌管斧頭。結果，就形成一種習慣，越迅速解決越好。在我解聘一位雇員時，總是這樣地說：『請坐，現在季節已過，我們似乎已沒有什麼工作給你做了。當然，我相信你事前也知道，我們只是在忙不過來的時候，才請你們來幫忙。』

「我所講的這些話，對這些人的影響，是一種失望，一種被人辭退的感覺。最近，當我要辭退那些額外雇員時，就稍微用上一點手腕，我把每人在這一季中的工作成績細看過後，才召見他們。我對他們的談話是這樣的：

『某某先生，你這一季的工作成績很好。前次，我派你到組瓦克城辦的那件事，的確很難，但是你卻辦得有聲有色，公司有你這樣的人才，實在幸運。你很能幹，你的前途遠大，無論到什麼地方都會有人歡迎你的。公司很相信你，很感激你，希望你有空常來玩！』

「結果如何呢？這些被辭退的人，心情似乎舒服多了，他們不再覺得是受了委屈。他們知道以後如果這裡再有工作時，我們還會請他們來的。所以，當我們第二季又請他們來時，他們對我們這家公司，更加有親切的感覺。」

在商場上要想獲得他人的合作與認可，一定要懂面子的重要性，更要懂得如何照顧朋友的面子。如果你自恃自己的資格老、資歷高，就會不把別人放在眼裡，就會將別人拒之千里之外。如果對方很要面子，就可能不吃你那一套，甚至可能撕下臉皮和你對著幹，這樣不僅會把你的人際關係搞糟，而且還會影響你的財富之路。

當然，給別人面子要給得恰當，不恰當就是不給面子。如果被請之人面子很大，而你又沒有給他應有的待遇，則會弄巧成拙，把給面子的事情弄成了極傷面子的事情。為此，你應該明白：尊重他人才能獲得他人的尊重，想要同合作夥伴儘快在致富的過程中達成一致，就應顧及好彼此的面子。

5 說服他人為你賺錢

在《美好的人生》中，卡內基認爲能夠讓人信服的第十大原則是：使他人去產生一種高尚的動機。因爲我們每一個人在內心都喜歡把自己理想化，都喜歡把自己行爲的動機賦予一種良好的解釋。因此如果我們想要改變他人，就應該使之產生一種高尚的動機。

有一次，一家汽車公司的六位顧客在維修工作完之後拒絕付錢。他們聲稱有些項目收費不太合理。由於六位顧客的汽車修完後都已簽名，所以公司便認為自己沒有什麼不對。結果，爭論不可避免地開始了。

事情發展到後來，彼此之間鬧得一發不可收拾。後來，公司總經理注意到這件事，經過親自調查，發現這六位顧客的信用都很好。所以，一定有什麼地方錯了，這位總經理於是叫詹姆士湯瑪斯去催討這幾筆「呆賬」。

湯瑪斯去拜訪每位顧客，但是，他並沒有提到這一點。而是說自己是來調查顧客對公司的服務意見的。他告訴顧客說，公司並不認為自己絕對無誤，並且耐心地傾聽顧客的意見。

等顧客恢復冷靜後，湯瑪斯客氣地對顧客說：「首先，我要告訴你，我也覺得這件事處理欠妥，以致您受到許多打擾，並給您的生活帶來很多不便，這些是我們公司職員的錯。我在此深表歉意。聽了您的敘述，我深深感到您是個公正而有耐心的人，所以想請您幫個忙。這是您的賬單，無論您的決定是什麼，我們都樂意接受。」

結果，這些顧客慷慨地按原單照付，兩年之內，他們又賣了六輛車給這些顧客！

在與他人的溝通過程中，如果想成功地說服他人，就要學會激發對方的高尚動機。我們可以先從對方的動機出發，在動機上尋求一致點，站在對方的立場上求同存異，從而有效說服對方。

第七課

高財商者的殺手鐧：有效管理時間

1 賺不回來的是時間

卡內基在《人性的弱點》中說：「浪費時間，就是浪費生命；時間就是金錢。」旨在提醒人們注意時間的重要性，要人們珍惜時間，不要白白浪費時間。因爲浪費時間就是浪費財富，人們賺不回來的永遠只有流動向前的時間。

不管一個人是否有足夠的稟賦和能力，要想走好自己的人生之路，去創造自己的人生財富，就必須合理地利用時間。因爲時間對每個人來說都是與生俱來的財富，將時間有效地利用起來爲你所用，這樣才能賺取到更多的財富。

時間不會對任何事、任何人留情，它可以毫無顧忌地被浪費，也可以被有效地利用。有效地利用時間，便是一個效率問題，對一個正處在創業初期的人來說，時間就是金錢，一分一秒都蘊藏著財富。無論是窮人還是富人，都要認清楚自己的時間非常寶貴。這是一個人走向成功的必經之路。

瑞士出類拔萃的科學家奧萊夫出生在瑞士西部鄉下最貧苦的佃農家庭，在他出生時，家裡最值錢的財產就是一支鳥槍和三隻鵝。但是他的表叔帕爾丁卻很有錢。

有一天，那位身著華麗的表叔譏笑他的父母說：「你兒子註定是看鵝的窮鬼。」奧萊夫的父母氣憤地說：「我們的奧萊夫是富翁，只須二十年的時間，他會雇用帕爾丁當馬夫。」

於是，奧萊夫在六歲時就讀路德的《訓言集》，上中學後，他就懂得把時間有效分配，雖然家裡貧苦，但家人十分支持他，他也從不浪費時間。

一次，他在作文裡寫下：「誰盜竊奧萊夫的時間，誰就是在盜竊瑞士。」老師高興地評價他：「將來一定是棟梁。」二十歲時，奧萊夫儘管沒有雇用帕爾丁為馬夫，卻有一項重大發明問世，因此成為瑞士名聲斐然的科學家。

每個在商場奮進的人都應該懂得充分利用時間的重要性，一定要合理用「時間老人」所給的時間去創造自己的財富，因爲每一秒都是寶貴的財富，浪費時間就等於在丟失自己的財富。

珍惜時間，走好生命中的每一分、每一秒，那麼你定然能夠收穫難以想像的財富。

2 你的時間在哪裡，你的成就就在哪裡

在卡內基成功的廿八項黃金法則中，在提到人們對時間的有效應用時，講到過這樣一條：「你的時間在哪裡，你的成就就在哪裡。」卡內基認為，時間是成功的第一要素，如果我們不懂得控制好時間，那麼我們做事的效率就永遠提高不了，同樣我們腦海中所想像的成就也就永遠都只會是一句空話。

一八七一年春天，一名醫學院的普通學生，和大多數學生一樣，正在擔心著即將面臨的期末考試，擔心將來自己該如何謀生。

有一次，他從地上拾起一本書，隨意地翻了幾頁，正是他不經意間讀到的這

兩句話，幫助他成為當代最著名的醫生。他創立了舉世聞名的約翰霍普金斯醫學院，成為牛津大學的指定講座教授，由英國國王授爵，畢生殊榮難以形容，他就是大名鼎鼎的威廉奧斯勒爵士。

改變威廉奧斯勒的那本書中，他讀到的那兩句話是卡萊爾的名言：「我們的主要工作不在於凝視遙不可及的未來，而是掌握確實分明的現在。」

四十二年後，奧斯勒爵士在耶魯大學舉行一場演講。他告訴學生，有人說像他這樣身兼四所大學的教授，著作名揚四海的人，大腦構造必定很特殊。

「不，」他說，「我的好朋友都知道我的腦筋，和一般人並無不同。」那麼，他成功的秘密到底何在呢？

奧斯勒爵士提起自己在赴耶魯演講的幾個月前，曾搭船橫過大西洋。途中有幾個船艙發生漏水事故，他看見船長站在船上，只消伸手按一個鍵鈕，就聽得一陣機械鏗鏘響，船上的每一個部分就彼此隔絕開來，變成防水船艙。機械的神奇，讓船長一個細小的動作就完成了複雜、困難的事。

說到這裡，奧斯勒話鋒一轉：「你們每一個人，都比輪船的構造還要神奇千百倍，航程也更遙遠。我想勸你們的是學習控制，讓自己住在一個滴水不漏的船艙，確保航行安全。無論是在人生的哪一個階段，你都要站到船橋上，留心每一個環節都正常運作，然後按下鍵鈕，把昨日緊緊關在鐵門外，再按另一個，把將來也緊緊擋在門外。然後你就安全了，安全地面對今日。昨日已死，來者渺渺，我們沒有明日，我們所有的將來就是今日，全部的救贖只在今日。所以記得把門關緊，從現在開始養成住在今日船艙的習慣。」

時間是有限的，生命也是有限的，經歷和資源對於所有人來說都是有限的。如果沒有把有限的東西好好利用在我們本就短暫的生命中，那麼我們怎麼可能會爆發出成功的潛能呢？成功有時候靠的就是我們的意志力以及爆發力，不能對自己嚴格要求的人，絕對不會走向成功。

因此，你不妨回問一下自己：你究竟有哪些時間是集中在一件事情、一個領域、一個目標上的？比如，每天早上六點半起床開始，每天用多少時間來進行工作，工作之外有多少時間可以拓展你的愛好。如果你每天都沒有一個正確的時間安排的話，那麼你的理想和你的愛好又怎麼可能會得到全面的發揮呢？

諾伯特威那爾說過：「科學家動手解決一個確實有答案的難題時，他的整個態度就改變了，他實際上已經找到了一半答案。」每個人想要的成就能否達成，只在於他為此付出的時間是否夠用。合理安排自己的時間，抓住自己每一個當下，你的成就就會在那個你制定的時段裡等著你。

3 強化你的時間觀念

卡內基曾經說過：「把一小時看成六十分鐘的人，比把六十分鐘看作一小時的人時間多六十倍。」也就是說，越是把時間分得精細，越是明白時間的緊迫，那麼做起事情來效率就越高，成功的幾率也就會越大。

正所謂「積沙成塔」，失去一日甚易，欲得回已無途。如果我們每個人都能夠珍惜時間，珍惜每一分每一秒，那麼定然能從分秒之中，創造完美的人生。因為在商場上，一個人如果具備很強的時間觀念，那麼他在商業競爭中比他人捷足先登的機率也就越大。

有一個年輕人，對自己每日循規蹈矩的生活感到非常無聊。一次，他去拜訪一位哲人，希望哲人能夠給他的未來指明一條道路。哲人問他：「你為什麼來找我呢？」

年輕人回答道：「我至今仍一無所有，懇請你給我指明一個方向，使我能夠找到人生的價值。」

哲人搖搖頭說：「我感覺你和別人一樣富有啊，因為每天『時間老人』也在你的『時間銀行』裡存下了八萬六千四百秒的時間。」

年輕人苦澀地一笑，說：「那有什麼用呢？它們既不能被當作榮譽，也不能換成一頓美餐……」

哲人肅然打斷他的話，問道：「難道你不認為它們珍貴嗎？那你不妨去問一個剛剛延誤搭機的遊客，一分鐘值多少錢？再去問一個剛剛死裡逃生的『幸運兒』，一秒鐘值多少錢？最後，你去問一個剛剛與金牌失之交臂的運動員，一毫秒值多少錢？」

聽了哲人的一番話，年輕人羞愧地低下了頭。

哲人繼續道：「只要你明白了時間的珍貴，去發現一件自己想做的事情，你腳下的路便會慢慢明朗起來。」

只要我們擁有現在，那麼我們就是富有的。因爲我們每天都擁有八萬六千多秒的時間可以支配。如果你不珍惜，時間就會像風一樣從你身邊溜過，給日子留下一片蒼白。當你懂得珍惜，知道讓每一秒的時間都應該給生活塗上一抹色彩，那麼你的人生自然就絢麗起來了。

富蘭克林曾經說過這樣的話：「記住，時間就是金錢。假如說，一個每天能賺十個先令的人，玩了半天，或躺在沙發上消磨了半天，他以爲他在娛樂上僅僅花了六個便士而已。不對！他還失掉了他本來可以賺到的五個先令。記住，金錢就其本性來說，不是不能升值的。錢能生錢，而且它的子孫還會有更多的子孫。誰殺死一頭生仔的豬，那就是從源頭上斷了牠的一切後裔，以至牠的子孫萬代。如果誰毀掉五先令的錢，那就是毀掉了牠所能產生的一切，也就是說，毀掉了一座英鎊之山。」

卡內基認爲，對大多數管理者來說，最典型的時間管理誤區包括：因欠缺計畫而導致時間浪費；因拖延而導致時間浪費；因會議過多與過長而導致時間浪費；因文件滿桌而導致時間浪費，等等。這些都是時間管理沒有好好規劃的結果。

人的一生兩個最大的財富是你的才華和你的時間。對每個人來說，才華越來越多，但是時間越來越少，我們的一生可以說是用時間來換取才華。如果一天天過去了，我們的時間少了，而才華沒有增加，那就是虛度了時光。所以，我們必須節省時間，有效率地使用時間。如何有效率地利用時間呢？對此，卡內基有如下幾個建議：

■ **做你真正感興趣、與自己人生目標一致的事。**

如果面對沒有興趣的事，我們可能會花掉百分之四十的時間，但只能產生百分之二十的效果；如果遇到我們感興趣的事情，我們可能會花百分之百的時間而得到百分之兩百的效果。要想在工作上奮發圖強，身體健康固然重要，但是真正能提高你的效率的關鍵是心理而不是生理上的問題。真正地投入到你的工作中，你需要的是一種態度、一種渴望、一種意志。

■瞭解你的時間是如何花掉的。

一周有七天，一天有二十四個小時，我們可以挑一個星期，每天記錄下每三十分鐘所做的事情，然後做一個分類，統計一下自己究竟將時間花在了哪些事情上面。另外，每天結束後，把一整天做的事記下來，每十五分鐘爲一個單位，一周之後，分析一下你是否是有效率地完成每天的事情的，有沒有某項活動占太大的比例，有沒有方法可以增加效率。

■使用時間碎片和「死時間」。

如果我們做了上面的時間統計後，仍然發現有很多時間流失掉了。那麼從現在開始改變你的作息方法，將你的時間規劃出來，找出其中的時間碎片和「死時間」，將這些時間分爲四類，例如，將重要且緊迫的事情定爲A類，將重要但不緊迫的事情定爲B類，將緊迫但不重要的事情定爲C類，將既不緊迫又不重要的事情定爲D類。在實際工作中，我們應該先做重要的事，這樣效率自然會提高，而且還能將「死時間」有效地利用起來。

4 讓每天清醒的時間增加一小時

卡內基曾經說過：「休息並不是浪費生命，它能讓你在清醒的時候，能更有效地做更多的事。」防止疲勞的規則是：經常休息，在你感到疲倦以前就休息。因爲疲勞會增加你的困倦感，讓你的工作效率大大降低。

芝加哥大學實驗心理學實驗室主任傑可布森醫生寫過兩本關於如何放鬆緊張情緒的書：《消除緊張》和《你必須放鬆緊張情緒》，他還主持研究了放鬆緊張情緒的方法在醫學上的應用。他認爲任何一種精神和情緒上的緊張狀態，「在完全放鬆之後就不可能再存在了」。這就是說，如果你能放鬆緊張情緒，就不可能再繼續憂慮下去。

卡內基曾經在麥迪遜花園廣場金奧維的休息室裡訪問了參加世界騎術大賽的騎術名將。卡內基發現，他在休息室裡放了一張折疊床，「每天下午我都要在那裡躺一躺。」金奧維說，「在兩場表演之間睡一個小時是我在好萊塢拍電影的時候養成的習慣。」他繼續說道：「我常常靠坐在一張很大的軟席椅上，每天睡兩次午覺，每次睡十分鐘。這樣可以使我精力充沛。」

後來，卡內基也建議好萊塢的一位電影導演試一試這個方法。結果這位導演告訴卡內基，這個方法可以產生奇蹟。

這位導演就是傑克查納克，他是好萊塢最有名的大導演之一。幾年前，他來看卡內基的時候，還只是米高梅公司短片部的經理，常常感到勞累和筋疲力盡。他什麼方法都試過了，喝礦泉水、吃維生素和其他補藥，但對其一點幫助也沒有。爲此，卡內基建議他每天去「度度假」。怎麼做呢？就是當他在辦公室裡和部下開會的時候，躺下來放鬆自己。

兩年後，當卡內基再次見到他的時候，他說：「出現了奇蹟，這是我的醫生說的。以前，每次我和部下談論短片問題的時候，我總是坐在椅子裡，非常緊張。現在每次開會的時候，我躺在辦公室的沙發上。我現在覺得比我二十年來都好過多了，每天能多工作兩個小時，卻很少感到疲勞。」

爲此，卡內基認爲，要防止疲勞和憂慮，第一條規則就是：「經常休息，在你感到疲倦以前就休息。如果你沒有辦法在中午睡個覺，那麼，至少要在吃晚飯之前躺下來休息一個小時，這比在吃飯前喝一杯酒便宜得多了，而且更加有效。如果你能在下午五六點鐘，或者七點鐘左右睡上一個小時。那麼，你就可以在你的生活中每天增加一小時的清醒時間。爲什麼呢？因爲晚飯前睡的那一小時，加上夜裡所睡的六個小時——一共是七個小時——所帶給你的好處卻比連續睡八個小時更多。」

美國陸軍的多次實驗證明，即使是經過多年軍事訓練，體能狀態已達到巔峰的年輕人，如果不帶背包行軍，每小時休息十分鐘，那麼行軍速度就會明顯加快，而且行軍距離更長。人的心臟每天壓出來流過全身的血液，足夠裝滿一節運油火車車廂；每天釋放出的能量，足夠用鏟子把二十噸煤鏟成一個三米高的平臺。人的心臟能完成這麼大的工作量，而且能持續五十年、七十年甚至九十年，它怎麼能承受這難以置信的工作呢？

哈佛醫院的華特坎農博士解釋道：「絕大多數人認爲人的心臟整天不停地跳動。事實上，在每次收縮之後，它有完全靜止的一段時間。當心臟按正常速度每分鐘跳七十下時，它一天的工作時間只有九小時，也就是說它實際休息了十五小時。」

表面上，休息的時間不能用來工作，會使每天的工作時間縮短；但事實上，在疲勞之前休息，哪怕只是短短的十分鐘，也能讓人清醒的時間多出一小時甚至更多。

所以，合理地安排休息時間，可以大大提高人們每天的工作效率。爲事業打拼的男士們一定要學會休息，才能更有效地利用時間。

5 做事分清輕重緩急

卡內基認為，工作中常會遇到千頭萬緒、問題多多的情況，人們常被弄得暈頭轉向，不辨東西。這時，分清問題的輕重緩急，找到其中最迫切需要解決的問題並集中力量解決它，是首要做的事情。

人有兩種能力是千金難求的無價之寶——一是思考能力，二是分清事情的輕重緩急，並妥當處理的能力。卡內基覺得，秩序才是生活的第一準則，只有按照事情的輕重緩急度來辦事，這樣才能起到事半功倍的作用。

著名的心理治療家威廉山德爾博士，讓一個病人用一種簡單的辦法避免了精神崩潰。

這個病人是芝加哥一家大公司的高級主管，當他初到山德爾博士診所去的時候，非常緊張不安，而且很憂慮。

「當這個人正把他的問題告訴我的時候，」山德爾博士說，「我的電話鈴響了起來，是醫院打來的電話。我沒有多討論和醫院相關的問題，當場就下了決定，我總是盡可能當場解決這類問題。我剛把電話掛上，鈴聲又響了。這次是一件很緊急的事情，我多花了一點時間討論。第三次來打擾我的是我的一個同事，為一個病得很重的病人徵求我的意見。當我和他討論完之後，我轉過身來準備向我的病人道歉，因為我一直讓他在等待。可是他臉上的表情完全不一樣了，非常的開心。」

「不必道歉，大夫。」這個人對山德爾說，「在剛才的那十分鐘裡，我想我已經知道我的問題出在哪裡了。我現在要回到辦公室裡，改一改我的工作習慣……可是在我走之前，你能不能讓我看看你的書桌呢？」

山德爾博士打開自己書桌的幾個抽屜，裡面都是空的，只放了一些文具。

「請你告訴我，」那位病人說，「你沒有辦完的公事都放在哪裡？」

「都做完了。」山德爾說。

「那麼你還沒有回的信放在哪裡呢？」

「都回了。」山德爾告訴他說，「我的規則是，信不回絕不放下來。我都是馬上口述回信，讓我的秘書打字。」

六個星期之後，那位高級主管把山德爾博士請到他的辦公室去。他整個人的狀態改變了，他的辦公桌也不一樣了。他打開辦公桌的抽屜，抽屜不再有還沒做完的公事。

這位高級主管說：「以前我在兩個辦公室裡有三張寫字臺——把我整個人都埋在工作裡，事情永遠也做不完。當我和你談過以後，我回到辦公室裡，清出一大堆的報表和舊的文件。現在我的工作只需要一張寫字臺，事情一到馬上就辦完。這樣就不再會有堆積如山沒有做完的公事威脅我，讓我緊張和憂慮。可是，最讓我想不到的是，我完全恢復了健康，我現在一點病也沒有了。」

做事沒有秩序，一味地例行公事而不顧目標能否實現，是一種被動的、機械的工作方式；而在正確的時間做正確的事，不僅注重秩序更注重目標，是一種主動的、能動的工作方式。做正確的事很多時候都強調的是效能，而且通過準確的定位，可以將目標方向轉化得更確切，做事情就會更加精準。

在紐約曼哈頓區華爾街的一座摩天大廈的會客室裡，一家知名化妝品公司的CEO傑克魯奇坐在聲名卓著的管理大師彼得德魯克對面，焦急的心情溢於言表。

傑克魯奇說：「董事會要求我明年停銷沒有帶來利潤的十種產品，但明年的總銷售額得提高百分之十五，可剩餘的八十八種產品中，有四十種產品的市佔率也每況愈下。德魯克先生，我真的不知道該怎麼辦。」

彼得德魯克說：「您真的一點辦法都沒有嗎？」

傑克魯奇說：「不。您知道，如果我真的一點辦法都沒有，或許明天我的辦公室裡就會換上另外一個人！我想合併全球的分公司，將現在的六十五家合併成五十二家。」

彼得德魯克不動聲色。

傑克魯奇說：「我還要將現有的員工裁減百分之十，將停銷的十種產品的產品線全部賣掉。」

彼得德魯克還是沒有說話。

傑克魯奇說：「將廣告投放在具有絕對競爭優勢的十六種化妝品上，增大市場份額。」

彼得德魯克依然保持沉默。

傑克魯奇說：「還有，我要將物流費用減少百分之二；將銷售費用降低百分之三；將銷售人員的培訓費用降低百分之零點五，還有……」

彼得德魯克說：「好了，傑克，請允許我打斷你。現在我只關心一件事，你真正要做的是什麼？」

法國哲學家帕斯卡說：「把什麼放在第一位，是人們最難懂得的。」每一個人都應該學會合理地安排時間，進行高效的工作安排，這樣才能更加順利地完成既定任務。

6 別為失眠而擔憂

卡內基曾經說過：「充足的睡眠，不但可以給第二天的活動『充電』，而且是確保身心健康所必不可少的一個重要基礎。千萬不要爲了延長工作時間而減少睡眠時間，這是不明智的做法，會得不償失，因爲這是以犧牲健康爲代價的。」

睡眠是否充足，不但是指形式上的睡眠時間夠不夠，更重要的是指睡眠品質的高低。因此，失眠成了影響睡眠品質的最大惡因。很多人對失眠都畏之如虎，更加讓人發愁的是，越是擔憂就越容易失眠，以至於患上心理疾病——焦慮症。但事實上，人們的這種擔憂完全是庸人自擾。

國際知名的大律師山繆安特梅爾一輩子沒有好好睡過一天。他上大學時，最難受的兩件事是：氣喘病和失眠症。他這兩種病都很嚴重，幾乎沒辦法治好。於是他決定退而求其次，失眠時不在床上翻來覆去，而是下床讀書。結果，他在班上每門功課成績都名列前茅，成了紐約市立大學的奇才。

當了律師以後，失眠症仍困擾著他。但他一點也不憂慮。他說：「大自然會照顧我。」事實真的如此，他雖然每天睡眠很少，健康狀況卻一直良好，他的工作成績超過了同事，因為別人睡覺的時候，他還是清醒的。

他在廿一歲時，年薪已高達七萬五千美元。一九三一年，他在一樁訴訟案中得到的酬金是歷史上律師職業單筆收入的最高紀錄：一百萬美元。但仍沒辦法擺脫失眠症。他晚上有一半時間用於閱讀，清晨五點就起床。當大多數人剛剛開始工作的時候，他一天的工作差不多已經做完一半了。

他一直活到八十一歲，一輩子卻難得有一天睡得很熟，但他沒有為失眠而焦慮煩躁，否則他這一輩子早就毀了。

人的大腦皮層的高級神經活動有興奮與抑制兩個過程。白天時腦細胞處於興奮狀態；工作一天後就需要休息，進入抑制狀態而睡眠；待休整一夜後，又自然轉爲清醒。大腦皮層的興奮與抑制相互協調，交替形成周而復始的睡眠節律。「怕失眠，想入睡」的想法本身是腦細胞的興奮過程，因此，越怕失眠，越想入睡，腦細胞就越興奮，故而就更加失眠。

在一次世界大戰期間，一個名叫保羅柯恩的匈牙利士兵，腦前葉被子彈打穿。傷癒後，他再也無法睡眠，而且不覺得困倦。那時候幾乎所有的醫生都說他活不長了，但他卻證明醫生的話是錯的，他找到一份工作，健康生活了許多年。有時他也會躺下閉目養神，卻從來不能進入夢鄉。他的病例是醫學史上的一個謎，也推翻了人們對睡眠的許多傳統看法。

大衛．哈羅芬克博士曾寫過一本書，叫作《消除神經緊張》，提出和自己身體交談的方法。他認為，語言是一切催眠術的主要關鍵。如果你要從失眠狀態中解脫出來，你就對你身上的肌肉說：「放鬆，一切放鬆。」

另外，還有一些失眠患者是因為期待或者擔憂心理產生失眠，這類人在白天的生活中往往承受了來自很多方面的壓力，所以他在睡眠時間中就會對第二天甚至是未來的事件反覆規劃和猜測。尤其是那些「三班輪制」工作性質的人，最容易出現這種現象。

其實，習慣於期待和擔憂明日事件的失眠者，可以採取寫日記的方法疏導自己的心理負擔。每日睡覺前，把第二天的規劃羅列在紙上，把內心的猜測和不安述於筆端。養成習慣後，就可以在睡覺前把這些影響入睡的心情提前排遣掉，恢復正常的睡眠。另外，如若我們十分疲倦的話，即使我們是在走路，大自然也會強迫我們入睡。因此當一個人完全筋疲力盡之後，即使在打雷或戰爭的恐怖和危險之下，也會因爲體力透支而安然入睡。

對於不爲失眠而憂慮，卡內基也曾爲我們定下了四條規則，下面就給予大家一定的參考：

1.如果你睡不著就起來工作或看書，到你打瞌睡爲止。

2.從來沒有人因缺乏睡眠而死，爲失眠憂慮對你的損害，會比失眠更厲害。

3.讓自己全身放鬆，可以播放一些輕柔、舒緩的音樂來輔助放鬆神經。

4.多運動，讓你因體力疲憊而無法保持清醒。

瞭解失眠的實質後，你就會發現失眠並不可怕。而且當你應對某些需要耗費心神的工作時，失眠反而會爲你提供額外的時間用來思考。當你把睡眠和工作之間相互的影響不再看重的時候，失眠也就不再是你所擔憂的問題，你所牽掛的只是時間夠不夠用而已。

第八課

用財商守住你的錢

1 從每一個硬幣開始

卡內基在《人性的弱點》中寫道：「約翰阿斯特先生在晚年說，現在他賺十萬元比以前賺一千元還輕鬆。可是，如果沒有當初的一千元，他也許早已餓死在街頭了。可如今，仍然有許多年輕人認爲節儉是一種很不體面的行爲，這簡直是一種荒唐不堪的觀念。」

俗話說「不積跬步，無以至千里」。財富的積累是從「每一個硬幣」開始的，是從每一件生活中最爲平凡的小事開始做起的，所有不起眼的「小錢」，不重要的「小事」，彙聚在一起就是一筆難以想像的財富。

一九三八年，卡內基由於工作勞累，便想外出旅行。一向節儉的他在遊艇上一點也不引人注目。但他度假的消息被記者知道了，便尾隨而來。

這名記者先到頭等艙去尋找卡內基，卻失望了，因為他發現幾個很像富翁模樣的人，都不是他想要找的卡內基。當他登上二等艙的餐廳時，終於遇見正在進餐的卡內基，趕緊地抓拍幾張快照後，便上去與卡內基交談起來。

令記者感興趣的是，當他上前與卡內基打招呼時，發現卡內基盤中的食物並不算豐盛，簡直和其身分不符。

看出了記者的驚訝，卡內基微笑著說道：「節省是一種美德，沒有平時的勤儉，我也不會有今天的財富。但我有了錢，並不會去浪費，即使我擁有全世界的財富，我也不會多浪費一分一毫。」

這種精神也在卡內基的一生中都得以保持，一直到他逝世。

財富是由一點一滴積累起來的，即便是你已經富有到擁有數千萬的財產，也不應該浪費一元，任何無謂的浪費都是可恥的行爲。而且，不懂得珍惜一元的人，永遠也不會成爲富翁。

一個英國青年和一個美國青年懷著相同的夢想，一同去尋找工作。當他們路經一個小巷弄時，同時看到地上躺著一枚硬幣。英國青年沒看第二眼，就直接從硬幣上面走了過去。美國青年卻激動地將它撿了起來。

英國青年看到美國青年的舉動，臉上不經意間露出鄙夷之色，他想：居然一枚硬幣也撿，真沒出息！於是，他不再理會美國青年，自顧自地往前走了。美國青年望著前面的英國青年，心中不免也有些感慨：讓錢白白從身邊溜走，真是可惜！

後來，兩個人碰巧進了同一家公司。這家公司因為是剛開的，因此不僅人少，而且工作很累，工資也低。幹了沒幾天，英國青年不屑一顧地走了，美國青年卻高興地留了下來。兩年後，兩人又在街上相遇了。這時美國青年已成為一家公司的老闆，而英國青年卻仍在尋找工作，而且異常落魄。

英國青年對此非常迷惑，問道：「你這麼沒出息的人怎麼能這麼快地發了財呢？」

美國青年說：「因為我不會像你那樣從一枚硬幣上走過去，我會珍惜每一分錢。而你連一枚硬幣都不要，又怎麼會發財呢？」

湯瑪斯利普頓爵士說：「許多人向我請教成功的秘訣，我告訴他們，最重要的就是節儉。成功者大都有節儉的好習慣。節儉能夠使一個人擺正心態，能使他鼓起勇氣，振作起精神，拿出完全的力量，來達到成功的目標。任何好朋友對他的援助、鼓勵，都比不上自己勤儉節省得來的積儲。唯有節儉，才是一個人成功的基礎，才使人具有自立的力量。」

「積少成多」的道理或許人人都懂，但是真正運用到實際生活中的卻是少之又少。一個成功致富的人知道，任何一種成功都是「聚沙成塔」而堆積起來的，如果沒有這種心態，就不可能得到更多的財富。很多時候，貪圖大的財富而忽略小財富，結果往往連本來能夠到手的財富也會丟掉。

2 節儉，不要吝嗇

卡內基在《人性的優點》中說，一般人往往把節儉和吝嗇看作是一對孿生兒，這真是一個天大的錯誤。其實，「節儉」的意思是：當用則用，當省則省；換句話說，就是省用得當。而「吝嗇」的意義卻是當用不用，不該省也省。

在管理自己財務的同時，一定要明白，節儉不是一味地去苛責自己金錢的使用度，而是合理調整金錢的使用方法。也就是說，我們應該把錢用在最恰當、最爲有效的地方，這才是真正的節儉，而不是變相的吝嗇。

英國著名作家羅斯金說：「通常人們認爲節儉這兩個字的含義應該是『省錢的方法』；其實這是不正確的，應該解釋爲『用錢的方法』。也就是說，我們應該怎樣去購置必要的傢俱，怎樣把錢花在恰當的用途上，怎樣安排自己的衣、食、住、行，以及生育和娛樂等方面的花費。」

富蘭克林說：「致富的唯一方法就是賺得多花得少。」他還說：「如果你不想因有人討債而氣惱，不想忍受饑餓和寒冷的痛苦，那麼你最好和忠、信、勤、苦四個字交朋友。同時，不要讓你賺得的任何一分錢從你的手中輕易地流走。」

加拿大渥太華有兩位「吝嗇專家」，一位叫達希珍，一位叫尼克森，他們都辦了一份教人如何節儉過日子的報紙。

達希珍別號「狂熱節儉家」，她自費出版《安全守財奴月報》，多年來，向讀者提供了無數省錢致富的秘訣。

她曾舉出了一個例子，一位部長級的官員雖有十五萬加元的年薪，但為了維持高官的面子，花在衣著、應酬、豪宅上面的錢超過他的報酬，導致入不敷出。相反，過簡單一點的日子，雖然賺得不多，反而能存下更多的錢。達希珍最後強調，你省下來的一塊錢，大於你賺進的一塊錢。

另一位吝嗇專家尼克森，在他主持的「省下來就是你的錢」節目與聽眾分享儲蓄之道。尼克森提供了幾項省錢致富的小秘訣：不斷從收入當中撥出部分存款；詳細列一份預算與支出表；每次購物後，要檢查、核對所有的收據；信用卡只需保留一張，欠賬每月絕對付清；自備便當上班；與人共搭一輛車或乘大眾交通工具上下班；到廉價商店、拍賣場等地方購物；買東西時切記「花這錢值不值得」；買東西一定要記得殺價。

從達希珍與尼克森的節儉方法中，我們不難看出，節儉也是有一定尺度的，不是完全對自己苛責，而是適當地對金錢的使用進行一些壓縮，那樣你的生活不僅過得有滋有味，而且也不會因此而讓自己感到「委屈」。

合理對待金錢的法則是：當用則用，當省則省。總而言之，我們應該把錢用在最爲恰當、最爲有效的地方，這才是真正的節儉。

3 負債是一件很危險的事

卡內基曾經向大眾呼籲人人都必須明白一個道理：負債是一件很危險的事。負債過多的人是用自己的未來在冒險，同時他還把自己的信譽、名聲當作賭注。所以，爲事業打拼的年輕人一定要讓自己的負債保持在能控制的範圍內，否則，輸掉的將是自己的一生。在這個世界上，最痛苦的事情莫過於一生負債累累。

借錢投資，是手段高明的商界人士最擅長的賺錢方法。但他們的借貸絕對不會盲目地投資，總是在借貸之前，明確投資的目標和風險；在借貸後，妥善運用、管理每一筆進出資金。這樣把借貸的額度、期限和風險始終控制在一定的範圍內，才能有計劃、有步驟地把負債轉化爲自己的財富，對剛進商業圈創業，而且毫無成功把握的人來說，借貸投資的成功方式並不適用。沒有投資的合理方案，借貸就沒有意義。

卡內基認爲，毫無商業經驗的人靠借來的錢做生意而最後能成功的實在寥寥無幾，世界上每年都有無數本來大有前途的人由於借債而遭到了意外的失敗。很多人因爲剛跨入社會，或許還沒有染上借債這種惡習，他們原先或許非常看重名譽，也從不喜歡到處去借錢來胡亂花用，那時他們的前途是非常光明的。但後來由於一點小小的原因，無意中便開啓了借債的大門，從此，他們便陷入了難以自拔的危險境地。

卡內基認爲，如果你不想讓金錢來左右你的意識，讓自己最後淪陷在金錢的沼澤中不能自拔，那麼請記住：盡可能地避免沒有意義的借債。

4 量入為出，做好預算

卡內基曾經說過：「如果要成功，任何年輕人都要牢記一點：對於錢的出入、收支要養成一種有節制、有計劃的良好習慣。不論你收入多少，你總要量入爲出，作好預算。」

理財必須理性和克制。現在的克制，是爲了以後能更好地生活，就像休息是爲了更好地工作一樣！預算也正是這樣一張藍圖，一個經過計畫的方法，可以幫助你從你的收入中得到更大的好處。精明的商業男士大多懂得，財富管理需要經過一個長期的儲備階段。而預算開銷會告訴你，可以刪減哪些比較不重要的項目，去填補你想要做的大花費，並且還能爲你節省到更多的資金以備他用。

曾經有一項統計研究表明，只要稍微謹愼一點用錢，大多數人都能減少可觀的花費，人們如果能充分運用創造力和機智，不花什麼錢，其實都可以過上逍遙快活的生活。通常情況下，正確的預算方式，將會告訴你如何達成目標：自己的家、孩子們的教育費用、你老年的保險金、你夢想中的假期……

下面就是卡內基爲我們提供的三種方法，可以幫助我們打理財政收支，做好預算。

■有效管理每一份花費，以便確認預算

亞諾班尼特五十年前到倫敦，立志做一名小說家，當時他很窮，生活壓力

大，所以他把每一便士的用途記錄下來。他十分喜歡這個方法，不停地保持這一習慣，甚至在他成爲世界聞名的作家、富翁，擁有一艘私人遊艇之後，還保持這個習慣。

你我也一樣，去拿個本子來，開始記錄，當然不需要記錄一輩子。理財專家建議我們，至少在最初一個月要把我們所花的每一分錢作準確的記錄——如果可能的話，可作三個月的記錄。這只是提供給我們一個正確的記錄，使我們知道錢花到哪兒去了，然後我們就可依此作預算。

■根據實際需要，設計出自己的預算

你首先要把自己一年裡固定的開銷列出來，然後計畫再列出其他的必要開銷。每個人都知道，這是件不容易的事情。擬訂計畫需要決心，有時候還需要嚴謹的自制力。既然我們不能買下每一件東西，那麼我們就應該決定什麼東西對我們最重要，而犧牲掉最不重要的東西。

■擬訂一個真正適合自己的預算

把所有的樂趣從生活中抹殺，這並不是預算的意義。其真正的意義在於給我們物質安全感。從很多情況來說，物質安全感其實就等於精神安全和免於憂慮。但要怎麼進行呢？首先你必須把所有的開支列到一張紙上，然後詢問一些理財專家或是作預算比較有經驗的親友。參考他們的意見，再結合自己的實際情況擬定適合自己的預算。

■適當地改變消費理念和心理狀況

如果我們依舊無法改善我們的經濟情況，不妨寬恕自己，例如，也許我們可改進心理狀況。即便是美國歷史上最著名的人物也遇到過財務煩惱，華盛頓和林肯都必須向人借錢，才能啓程前往首都就任總統。

要是我們得不到我們所希望的東西，最好不要讓憂慮和悔恨來苦惱我們的生活。讓我們原諒自己，學得豁達一點。根據古希臘哲學家艾皮科蒂塔的說法，哲學的精華就是：「一個人生活上的快樂，應該來自盡可能減少對外來事物的依賴。」

5 學會克制自己才能駕馭金錢

卡內基承認，自己從來沒有見過一個揮金如土的人最後能成就大業的。揮霍無度的惡習恰恰顯示出一個人沒有抱負、沒有理想，甚至就是在自投失敗的羅網。

長久以來，人們一直受物質主義的主宰和操縱，不斷地以追求財富、積累金錢作爲奮鬥的目標，認爲擁有了巨大的財富就擁有了快樂。誠然，金錢對人們的生活的確有作用，但是並不像大多數人想的那麼重要。

在商場上，不少男士花錢如流水，胡亂揮霍，他們似乎從不明白金錢對於他們將來的事業有多麼重要的價值。他們胡亂花錢的目的似乎只是爲了告訴別人他很「大方」，或是讓別人感到他很有錢。還有很多年輕人將他們本來應該用於發展他們事業的必備資本，都用到了抽雪茄、喝香檳、進舞廳、看演出等無聊的地方。假如他們能把這些不必要的花費節省下來，時間久了一定大爲可觀，將爲他未來的事業發展奠定一個資金上的基礎，但是正是因爲他們無法克制自己，因此充當了金錢的奴隸。

其實，不管人們處於何種地位，錢都是生存的必需品，錢也是改進休閒方式、提高生活品質的一種途徑。然而，不幸的是，人們都被貪婪蒙住了眼睛，把錢視為生活的目的，而不是改善生活的手段。把金錢本身當成了目的，人們就會陷入失望和不滿的包圍，短暫的快樂之後，他們只會無奈地向失敗靠攏。

每一個人都應該學會拋開奢侈的惡習，充分利用你的收入，這樣你才能駕馭你的金錢，而不是被金錢所奴役。

6 未雨綢繆，為明天儲蓄

據一項調查顯示，人們百分之七十的煩惱都源於金錢。大部分人都相信，他們的收入只要再增加百分之十，就不會再有任何財務上的困難。然而，在現實生活中，增加收入是很難達成的事。於是，許多人試著換一個角度來對待財務問題——儲蓄，令人驚訝的是，煩惱明顯減輕了。

因此，一些精明有遠見的人懂得如何在享受生活的同時，還能為自己節儉開支，透過儲蓄來緩解收入低的煩惱。

卡內基曾向理財專家艾爾茜司塔普里頓夫人請教如何規劃自己的資金。艾爾茜曾擔任華納梅克百貨公司的理財顧問多年，而且也以個人指導員身分，幫助那些被金錢煩惱拖累的人。她說：「對大多數人來說，收入的增加並不能解決他們的財務煩惱。」事實確是如此，收入增加之後，並沒有什麼幫助，只是徒然增加開支而已。

「使多數人感覺煩惱的，」她說，「並不是他們手中沒有足夠的錢，而是不知道如何支配這些錢！」

關於如何做好儲蓄、養成好的習慣，缺少經驗的人可以這樣做。

■發薪水後先存錢

每月領了薪水，先到銀行存錢；也可以採用定存的方式，需要用錢時可以方便地支取，這可以幫你改掉亂花錢的習慣，從而積累個人資產。

■為自己建立一個理財檔案

你應該對自己每個月的收入和支出情況進行記錄，看看「花錢如流水」到底流向了何處。然後可對開銷情況進行分析，看看哪些是必不可少的開支，哪些是可有可無的開支，哪些是不該有的開支。同時，可以用網路銀行隨時查詢餘額，對自己的資金瞭若指掌，並根據存摺餘額隨時調整自己的消費行爲。

■用適當的投資代替消費

如果對房產、股票、基金等投資項目有一定的瞭解，不妨把手中的資金投入到這些投資項目中去。這樣用一定的風險來獲取豐厚的回報，不但可以讓手中的資金升值，還會因減少了可隨時支配的資金而降低了消費欲望。

■小心慎重地使用信用卡

信用卡是無現金交易，即便買再多的東西，輕輕一刷卡就完了，但是這種瀟灑往往會掩蓋過度消費。而且並非人人都適合使用信用卡，特別是對那些花錢沒有節制的人來說，使用信用卡更需要慎重。

年輕人應該明白，理財，要把節儉放在第一位。如果沒有節儉，就不會有錢去投資。要想變得愈來愈富有，第一步就是控制支出，收入是河流，財富是水庫，花出去的錢就是流出去的水，只有留在水庫裡的才是你的財。在投資的機會來臨的時候，你才不會因爲沒有資金而懊惱萬分。所以，請不要再猶豫，從現在就開始吧。

7 定期檢查你的財務狀況

你的財務狀況健康嗎？如果不能及早發現其中的問題，它甚至會讓你多年奮鬥的成果毀於一旦。卡內基認爲，許多人之所以不富裕，是因爲他們在處理金錢時都很盲目。

許多人會注意身體健康的重要性，並養成定期體檢的習慣。同樣，對自己財務健康的重視程度，也將影響到自己未來事業以及前途的幸福度。因此，爲了防患於未然，要定期爲自己甚至整個家庭做財務健康診斷。我們可以通過以下幾個方法來檢視。

■合理的收入投資比例

賺多少花多少，永遠無法讓自己成爲富人。我們可以設定家庭收入中用於投資的比例爲百分之二十到四十，甚至更高。只有不斷進行投資理財，讓錢生錢，讓錢爲我們工作，並最終實現投資收益大於我們的日常支出的時候，就是人們常說的實現財務自由了。

■合理的財務負擔和資產負債比率

家庭每月的貸款負擔占收入的比率不要超過百分之四十，最好是控制在百分之二十到三十五之間。其實，利用合理的負債可以幫我們提前實現生活目標。如果負債比率太高，甚至超過百分之五十，是非常危險的事，需要馬上調整負債狀況。

■足夠的緊急備用金儲備。

家庭資產中需要配置一筆能夠支付三至六個月日常開支的緊急備用金，以應付因爲意外或者失業等突發事件對家庭造成的影響。具體的方式包括現金、活期存款、貨幣基金等。

財務管理並不是女性的專職，有了家庭的男人更應該積極地參與到財務管理，因爲家庭是自己最堅實的後盾，管理好自己的錢，才能讓自己在成功之路上放心地大展拳腳。

| 第九課 |

讓財富倍增的秘訣

1 讓錢為你工作

很多人每天起早貪黑，沒日沒夜地拼命賺錢。多年過去了，自己的體力日漸下降，生活的境況卻依然沒有什麼大的起色，這就是不懂讓錢爲自己工作的悲哀。說白了，就是沒有理財意識，不懂得去投資。

卡內基認爲，人們完全可以把辛苦賺取的錢當作資本，然後投資到回報率最高的地方。只要能學會正確投資，那麼你終有一天會實現創富的目標。

美國人查理斯卡爾森，在調查了美國一百七十位百萬富翁的發跡史後，寫了一本名叫《成爲百萬富翁的八條真理》的書。卡爾森所總結成爲百萬富翁的八個行動步驟是：

第一步，**現在就開始投資**。他在書中說，在美國，六成以上的人連百萬富翁的第一步都還未邁出。每個人在邁出第一步時都有一堆理由，但其實這些理由都只是自己在找無關緊要的藉口。有人也許會覺得自己沒時間投資。但他們更應該想想自己爲什麼不減少看電視的時間，把精力花在學習投資理財上？

第二步，**制定目標**。這個目標不論是準備好小孩子的學費、買新房子或六十歲以後舒服地養老。不論任何目標，一定要訂個計畫，並且爲了這個計畫全心全意地去努力。

第三步，**把錢花在買股票或基金上**。「買股票能致富，買政府公債只能保住財富。」百萬富翁的共同經驗是：別相信那些黃金、珍奇收藏品等玩意，把心放在股票上，這是建立財富的開始。

第四步，百萬富翁並不是因爲投資高風險的股票而致富的，他們大多數只**投資一般的績優股**。收益小，但風險也小，可以平穩地收益。

第五步，**每月固定投資**。使投資成爲自己的習慣，不論投資金額多少，只要做到每月固定投資，就足以使你超越三分之二的人。

第六步，**堅持就是勝利**。投資有風險，並非總是有賺無賠。但是只要能堅持一項投資的實施，做好長期經營的心理準備，那麼你就能夠賺多賠少。

第七步，**把國稅局當投資夥伴**，善用之。厭惡國稅局並不是建設性的思維，而應該把國稅局當成自己的投資夥伴，注意新稅務規定，善於利用免稅的投資理財工具，使國稅局成爲你致富的助手。

第八步，**限制財務風險**。百萬富翁大多過著很乏味的生活，他們不愛換工作、只結一次婚、不生一堆孩子、通常不搬家、生活沒有太多意外或新鮮事，穩定性是他們的共同特色。

根據查理斯的財富報告，我們不難看出，其中最重要的財富聚集方式便是投資。想要讓錢能「生錢」，最好的辦法就是進行投資。

有個很嚴厲的主人準備離家一段日子，臨行前，他將自己的三個僕人召集起來，根據平時的觀察，分別給了他們每人一袋錢幣，沒有交代什麼就啟程了。

第一個僕人領到五千個錢幣，他用這些錢做生意，結果又賺到了五千個錢幣；第二個僕人領到了兩千個錢幣，他用這些錢做買賣，結果又賺到了兩千個錢幣；第三個僕人領到了一千個錢幣，他在後院挖了個洞，把錢埋了起來。

沒多久，主人回來了。第一個僕人和第二個僕人將額外賺到的錢幣獻上，得到了主人的稱讚和獎賞；第三個僕人卻戰戰兢兢地從洞裡挖出那袋錢，對主人說：「我領教過您的嚴厲，很怕把錢弄丟，所以就埋了起來。現在這些錢分文不少的都在這裡了……」

「你這個又笨又懶的傢伙！起碼也應該把我的錢存進銀行，等我回來，也可以收點利息，怎麼會愚蠢到將它們埋起來呢？」

主人大怒，同時吩咐管家奪過他手中的一千個錢幣，交給第一個僕人。

這個小故事道理淺顯易懂：只有具備投資意識的人，才能管理好手中的財富。這也是所有人應該牢記的真理。

很多沒有錢的人都是把賺錢和賣力工作等同起來，他們認爲賺錢是一件很辛苦、很無奈的事，他們也總是爲了賺錢而拼命地去工作。而那些有錢人則總是有辦法讓錢爲自己工作，對他們來說，賺錢是一件輕鬆、快樂的事。

賺錢對富豪來說，已經成爲一種智力遊戲。他們每次做好一筆生意，就等於是在這場遊戲中贏了一把。錢在他們眼裡只是個數字而已，對他們來說，輸或贏並不重要，賺錢的過程給自己帶來的刺激和快樂才是更重要的。

因此，要想讓自己的財富倍增，就要學會如何運用自己手中的錢爲自己賺更多的錢，讓「錢」成爲你賺錢的工具，而不是爲之奮鬥的目標，只有這樣，你才能成爲真正的贏家！

2 讓錢更「值錢」

卡內基認爲，財商可以通過後天的專門訓練和學習得以改變，改變你的財商可以連動地改變你的財務狀況。財商是一個人在財務方面的智力，是理財的智慧所在。可以想像，一個漠視財商的人，一定是現實感很差的人。

因此，你需要明白：當你在計畫自己的金錢時，你就等於是在經營自己的事業。當然，怎樣處理你的金錢，實際上是你「自家」的事，別人無法幫忙。但是要想致富，那麼首先你就得具備全新的金錢觀。正所謂「你不理財，財不理你」就是這個道理。

《窮爸爸富爸爸》一書的作者羅伯特決定去做一項房地產投資時，主動報名參加了一個三百八十五美元的課程。這個課程主要是與房地產有關的一些學習，羅伯特希望自己能夠學到更多的知識。

他花了將近十六個月的時間去看所有能購買的房地產，當他的朋友到海邊去玩衝浪，或者是打高爾夫球、喝酒時，羅伯特卻是在去看房地產的路上奔波著。

羅伯特第一個房地產是花一萬八千美元買的，只用了幾年的時間便漲到四萬八千美元。此後，羅伯特又陸續做了幾筆房地產交易，憑藉自己的財商和經驗，他賺到了數目可觀的錢。

投資房地產這件事對羅伯特來說，真正的意義不在於賺了多少錢，而是讓他發現了理財的重要性，讓他深刻意識到想賺錢首先應當改變自己的觀點，善於利用金錢的力量。

我們每個人都有兩樣偉大的東西：思想和時間。當鈔票流入你的手中，只有你才有權決定你自己的前途。選擇把錢愚蠢地浪費掉，你就選擇了貧困；把每一筆錢都妥善地利用，財富就不再是可望而不可即的夢想。選擇是自己做出的，每一天面對每一元錢，你都在做出自己是成爲一名富人還是窮人的抉擇。

高薪不等於富裕，即便你有再多的錢，如果你不妥善打理和運用，你終究會變得不多一文。高支出不等於浪費，如果你把每一筆錢都用在恰當的地方，那麼你所得到的將是數倍的回報。

洛克菲勒出生在美國紐約州一個普通家庭，他的父親本來是個農民，後來改行做木材生意。他的父親非常注重孩子財商的培養，時常用自己的言行影響著小洛克菲勒的經營意識。

洛克菲勒在七歲那年，在附近林子裡發現了火雞窩，於是他每天一大早就跑到林子裡，一等大雞暫時離開窩，他就跑過去，抱著小火雞就跑。

洛克菲勒把那些小火雞養在自己的房間裡，細心照料，到了感恩節，就把已經長大的火雞賣給附近村子裡的農民，把賺到的錢放在存錢筒裡。慢慢地，存錢筒裡的硬幣變成一張張綠色鈔票。然後小洛克菲勒又動腦筋把這些錢放貸給耕作的農戶們，等他們收成後連本帶利收回。

洛克菲勒的教育程度只有高中二年級，因為他在十六歲時，便退學到一家名叫休威泰德的公司做會計。他最初的薪水是每週三點五美元。工作期間，他專門準備了一個本子，用來詳細記錄自己每天的收支情況。

三年後，洛克菲勒離開了那家公司開始自立門戶，他傳奇般的一生正是從這時出現轉折。

一八七〇年，洛克菲勒成立了美孚石油公司，三十歲的他一個人就控制了全美五十家煉油廠中的廿六家，他也成為美國家喻戶曉的石油大亨。

雖然我們並不一定能取得洛克菲勒那樣的成就。但他成功的經歷卻爲我們指引了方向。通往財富人生的道路上，正是依靠讓錢「生錢」，讓錢更「值錢」的理念，商業大亨們才有了輝煌的成就。

理財的目的是爲了讓錢更「值錢」，爲了讓你辛苦賺到的薪水發揮最大的作用。趕快捨棄高薪就等於富裕的錯誤思想，你對金錢的懶惰只會讓你失去賺取更多金錢的機會。從現在開始，好好打理自己的財富吧！

3 靜止的財富價值會逐漸減少

卡內基認為，不善於節儉的人常常為了節省一分錢的東西，卻浪費價值一角錢的光陰，這是非常不划算的事。節儉也有方法。如若將你的財富永久的擱置不動，那麼你的財富之路決然也不會有任何進展。

有一位成功的企業家曾對資金做過生動的比喻：「資金對於企業如同血液之於人體。血液循環欠佳導致人體機理失調，資金運用不靈造成經營不善。如何保持充分的資金並靈活運用，是經營者必須注意的事。」這話既顯示出了這位企業家的高財商，又說明了資金運動加速創富的深刻道理。

在商業社會，人人都想致富；而人生無常，並不是人人都可以致富。於是便產生了如何處理金錢的問題，這就是理財之道。

廣義上來說，理財的涵蓋面很廣，從儲蓄到消費，從經營到管理，從融資到投資，都可以納入到理財的範疇。理財之道中，最忌諱的便是「守財奴」。金錢價值的體現，完全是在使用過程中得以實現。如若一個人對待財富總是小心翼翼，而且死守如初的話，那樣他的資金最終只會失去其固有價值。

要想窺見所謂的理財之道的門徑，改善自有的財富環境，首先要改變對金錢的看法，然後才能掌握處理自己金錢的方法。我們可以把生活中較穩定的收入，分爲三大單元來處理：一是基本開銷，二是必要準備金，三是積累。

基本開銷維持生活品質，相當於做生意過程中的必要成本；必要準備金是防止不時之需，相當於壞賬準備金；至於積累，可以看作是閒置資金。分解之後，我們對自己的消費和儲蓄就有了一個基本的概念，與此同時，我們就已經把淺顯的金錢概念，轉變爲資金的概念。有了資金的概念，進而我們就可以讓資金流動起來，從而變成資本。

用資金的觀點來看待你的金錢，是理財的第一步。這會使你懂得金錢的流動性，看清金錢的本質。對待金錢有了觀念上的改進，你才會完善自己的理財之道，才能合理地、有效地發揮金錢的價值，實現財富的不斷積累。

4 投資要趁早

卡內基夫人陶樂絲曾經說過：「聰明的富商在住房、汽車、度假和娛樂上花的錢遠遠低於他們的財力。因爲在這些方面花錢幾乎得不到什麼回報，他們更樂意把錢用在投資或貿易方面。」

在商場上創業的人，如果越早投資，那麼就越能達到財富目標。因爲大凡有經濟頭腦的人都明白，財富的積累是一個逐漸加速的過程，越早開始投資，實現創富的理想也就越快。

在古巴比倫城裡，有一位名叫亞凱德的猶太富翁，因為錢太多的緣故，所以聞名遐邇。而使他成為一位知名之士的另一原因，就是他能慷慨好施，他對慈善捐款毫不吝嗇，他對家人寬大為懷，他自己用錢也很大度，可是，他每年的收入仍然大大超過支出。

亞凱德成名之後，有一些童年時代的老朋友們常來看他，他們說：「亞凱德，你比我們幸運多啦。我們大夥勉強糊口的時候，你已成為巴比倫全城的第一富翁，你能穿著最精緻的服裝，你能享用最珍貴的食物。如果我們能讓家人穿著可以見人的衣服，吃著可口的食品，我們就心滿意足了。」

「幼年時代的我們，大家都是平等的，我們都向同一老師求學，我們玩相同的遊戲，那時無論在讀書方面或在遊戲方面，你都和我們一樣，毫無才華出眾之處。幼年時代過去以後，你還和我們一樣，大家都是同等的誠實公民，然而現在，你成了億萬富翁，我們卻終日不得不為了家人的溫飽而四處奔走。」

「根據我們的觀察結果，你做工並不比我們辛苦，你做工的忠實程度也未超過我們。那麼，為什麼多變的命運之神偏偏讓你享盡一切榮華富貴，卻不給我們絲毫的福氣呢？」

亞凱德於是規勸他們說道：「童年以後，你們之所以沒有得到優裕生活，是因為要麼你們沒有學到發財原則，要麼沒有實行發財原則。你們沒有意識到，財富好像一棵大樹，它是從一粒小小的種子發育而成的。金錢就是種子，你越勤奮栽培，它就長得越快。」

如今社會發展越來越快，競爭壓力不斷加大。很顯然，光靠自己辛勤工作來賺錢是不行的！還得學會用手頭上的錢來生錢，多想一些投資理財的主意才行。要知道，同樣是錢，今年之百元不如去年之百元，手裡的錢要是不進行投資理財，就會隨著時間的流逝、物價的上漲，而慢慢出現貶值現象。

巴菲特曾在他的自傳《滾雪球》中寫道：複利有點像從山上滾雪球，最開始時雪球很小，但是往下滾的時間足夠長，而且雪球黏得夠緊，最後雪球會很大很大。

在巴菲特看來，時間越長，複利累積效應就越大。要利用這種效應，就應該儘早地進行投資，而且越早越好。

許多商業大亨們，對孩子財商的培養都是從小開始，雖然我們大多數人起點低，父母也沒有早早開始培養我們的理財觀念，但我們仍然可以領先那些比我們晚幾年才投資的人一大步。

記住，投資要趁早。抓緊時間，學習投資的知識；擠出時間，考察投資的項目；具備一定的駕馭風險能力後，立刻進行投資。只有這樣做，你的財富人生才會比其他同齡人早開啓許多年。

5 投資安全第一

卡內基認爲，當人們在處理金錢時，總是格外的盲目。並且他還打趣地說，如果人們懂得怎樣解除每個人的財務煩惱，那麼自己今天就不會寫這本書，而將安坐在白宮內——坐在總統身旁。

許多在創富的道路上遭遇失敗的人，並不是因爲他們能力不行，而是因爲他們過於相信自己的能力。

十九世紀末，美國康乃爾大學做過一次有名的青蛙實驗。

他們猛地把一隻青蛙丟進煮沸的油鍋裡，這隻青蛙在千鈞一髮的生死關頭突然用盡全力，一下子躍出那勢必使牠喪命的油鍋，跳到鍋外的地面，安然逃生！

半小時後，他們使用同樣的鍋，在鍋裡放滿溫水，然後把那隻死裡逃生的青蛙放到鍋裡。接著悄悄在鍋底下用炭火慢慢燒熱。青蛙悠哉地在水中享受「溫暖」，等到牠感覺到熱度已經熬受不住，必須奮力逃命時，卻為時已晚，欲躍乏力，終於葬身在熱鍋裡。

這個實驗給我們揭示了一個殘酷無情的事實——當我們被重擔壓得喘不過氣時，我們往往能發揮自己意想不到的潛能，殺出重圍，開闢出一條活路來。可是在處於安逸舒適生活的時候，反倒弄得一敗塗地，不知所措，而最終招致失敗。因此，任何時候，我們都要有一定的風險意識。

在變化多端、複雜難測的投資世界裡，各種不確定的情況都可能發生，而風險又是不能逃避的。因此，投資理財切記只顧及報酬，而忽略了風險。事實上，如何管理風險更重要，管理風險的目的，並不是要將風險完全消除，而是承認風險存在的事實，並進一步分析風險，進而降低風險。

所以，投資人必須樹立風險防範意識，在進行風險管理的時候，必須瞭解「你永遠無法事先爲風險做好萬全的準備」。如果投資者一心只想到賺錢後的快樂，完全不考慮賠錢的可能性，就難以保持平穩的心態去迎接挑戰，使投資變爲賭博。

所有爲成功打拚的人在投資時一定要牢記：「投資有風險，決策需謹慎。」

6 勇敢嘗試冒險

卡內基曾經說過：「把握機遇時，不要忘記挑戰自己，沒有什麼讓人覺得可怕，要勇敢嘗試冒險。因爲走得最遠的人，常是願意去做，並願意去冒險的人。『穩妥』之船，從未能從岸邊駛遠。」

事實上，冒險與收穫常常是結伴而行的，不能因爲擔心風險就畏首畏尾，白白浪費賺錢的大好機會。險中有夷，危中有利。對於在商場上激勇奮戰的男士而言，要想在最後能夠收穫一個卓越的成果，就要敢於冒風險，因爲往往風險的背後，可能隱藏著高效益。

全美最為有名的商業鉅子約翰甘布士，起初只是一個小型紡織廠的技師。有一次時逢美國經濟大蕭條，不少工廠與商店紛紛倒閉，為此很多商場開始向外倒賣自己堆積如山的存貨，甘布士看見這種情況，立馬開始收購這些貨物。當時不少人見到甘布士的行徑，都覺得他是個傻蛋。

可是甘布士並沒有理會他人的嘲笑，而是租了更大的倉庫來存貨。甚至當時對於妻子憂心忡忡的勸告，甘布士也只是笑著安慰她：「三個月後，我們就可以靠這些貨物發大財了。」但是甘布士的話並沒有靈驗。因為不久工廠因為減價拋售找不到買主，於是把存貨的車全部拉走焚燒，以此穩定物價。

當他的太太看見後，於是開始抱怨甘布士的愚蠢，可是甘布士依舊不予理會。終於，美國政府採取了緊急行動，穩定了物價，並且大力支持那裡的廠商復業。這時，因為焚燒的貨物過多，存貨欠缺，物價一天天飛漲。甘布士見狀，立馬將自己庫存的大量貨物拋售出去，一來可以賺進一大筆錢；二來使市場物價得以穩定，不致暴漲不斷，導致政府採取緊急措施穩定物價。

在他決定拋售貨物時，他妻子又勸告他暫時不忙把貨物出售，因為物價還在一天一天飛漲。他平靜地說：「是拋售的時候了，再拖延一段時間，就會追悔莫及。」

果然，甘布士的存貨剛剛售完，物價便跌了下來。他的妻子對他的遠見欽佩不已。

後來，甘布士用這筆賺來的錢開設了五家百貨公司，業務範圍也十分廣泛，逐漸發展為全美最為有名的連鎖百貨商店之一。

冒險需要足夠的勇氣與資本，僅僅憑感覺或運氣來戰勝，是相當困難的。尤其是在競爭激烈的商業場合，一個人如果時刻都擁有向冒險挑戰的精神與決心，做好應對措施和風險評估，那麼你的商場之路一定就會柳暗花明。在冒險中去把握機會，在冒險中發射成功。

比爾蓋茲曾經說過：「所謂機會，就是去嘗試新的、沒做過的事。可惜在微軟神話下，許多人要做的，僅僅是去重複微軟的一切。這些不敢創新、不敢冒險的人，要不了多久就會喪失競爭力，又哪來成功的機會呢？」

英特爾公司爲鼓勵員工的冒險創造精神，在它的激勵機制裡，專門制定了一條「鼓勵冒險」的條款，它甚至允許職工犯錯誤，也不允許職工按部就班。卡內基就此概括說：「冒險是一種奮鬥，一種促使人生變得更加輝煌的奮鬥。」

世上任何領域的一流好手，都是靠著勇敢面對他們所畏懼的事物、冒險犯難，才能創下巨富。因此，我們應當學會以冒險精神作爲後盾，鼓勵自己並且不停地激勵自己去冒險，這樣才能等待機會的來臨。

第十課

給你的財商充電

1 提高財商的重要力量

卡內基在成名之前，只是一個普通人。除了卡內基本人的不懈努力使他獲得成功之外，他在其一生之中對偉大人物抱著學習的態度，時時處處以他們的成功經歷對照自己，不斷地豐富自己知識面、改進自己處理事務的方式，這一做法，也是卡內基成功的原因之一。

卡內基曾見過美國權威作曲家喬治傑斯文，並請教過他成功的秘訣。傑斯文告訴他，秘訣非常簡單，只要知道自己的需要，然後照這個「需要」努力下去，就能獲得成功，直至達到目的。

卡內基寫道：「最讓我欽佩的是，傑斯文在成名後還不斷地努力，並且每星期上課三小時。這種好學的精神，正是值得我們效法的。」

李嘉誠說：「一個人只有不斷填充新知識，才能適應日新月異的現代社會，不然你就會被那些擁有新知識的人所超越。」

李嘉誠博覽群書，並隨時留意新科技和發明。也正是因爲他的這種好習慣，讓他在搜集有關塑膠方面的資訊時，在英文版《塑膠》雜誌上發現了塑膠花的發財路子。

李嘉誠還說：「不讀書，不掌握新知識，不提高自己的知識資產照樣可以靠吃老本瀟瀟灑灑過日子，是舊時代不少靠某種機遇發財致富的生意人的心態，如今已經不可取了。」

李嘉誠之所以能夠一次次把握住獲取財富的機遇，並非是幸運之神對他特別眷顧，而是他對新知識孜孜不倦地追求。

正如李嘉誠所說的：「我們身處瞬息萬變的社會中，全球邁向一體化，科技不斷創新，先進的資訊系統製造新的財富、新的經濟週期、生活及社會。我們必須掌握這些轉變，應該求知、求創新、加強能力，在穩健的基礎上力求發展，居安思危。無論發展得多好，你時刻都要做好準備。財富源自知識，知識才是個人最寶貴的資產。」

無論你身處哪個領域，無論你將來要走的路是艱辛還是平坦，都離不開知識的浸染與薰陶。大多數富人能夠走到今天的成功，不是天生就擁有這個領域的尖端技術，他們也都是從不斷地學習中一步步成長起來的。因爲在財富領域中，沒有誰一開始就是天生的「財神」，他們都是從無到有、從小到大逐漸成長而已。

一個人如若要想讓自己的財商提高，那麼首先就應該重視自己學習力的提高。因爲只有當你的財富學習力提高了，你才能對整個商業場合更加瞭解，對專業知識更加熟悉，從而衍生出更多的財富。

每個人都應該學會明白一個道理：「上算智生錢，中算錢贏錢，下算力換錢。」要想真正在商業場上混跡得遊刃有餘，那麼就一定要切記不斷地補充自己的財富知識，不斷地給自己創造更好的財富條件。

2 用「淘汰自己」的精神去學習

卡內基在其廿八項黃金法則中提出，人的精力和時間是有限的，一個人要想成功，要儘量在三十五歲以前學會本行業所需要的一切知識並有所發展。因爲三十五歲之後，是你的事業穩定發展的最佳時期，這個時期你所要用到的就是之前你所有的「儲備」。

李嘉誠曾說：「無論何種行業，你越拼搏，失敗的可能性越大，但是你有知識，沒有資金的話，小小的付出就能夠有回報，並且很可能達到成功。」

「股神」巴菲特並不是一開始就購買了後來翻十多倍的可口可樂股票的。事實上，在巴菲特還沒有確定自己的投資風格和交易體系的時候，他和許多普通的投資者一樣，整天泡在費城交易所看走勢圖表，做著同樣的技術分析、打聽內幕消息。但是如果巴菲特還是一直只靠技術分析、打聽內幕消息，也許到現在他仍然只是一名普通的小散戶，或者早已破產了。

巴菲特曾這樣描述他的日常工作：「我閱讀我所關注的公司年報，同時我也閱讀它的競爭對手的年報，這些是我最主要的閱讀資料。」

「我認為我和巴菲特從一些非常優秀的財經書籍和雜誌中學習到的東西比其他管道要多得多。我認為，沒有大量的廣泛閱讀，你根本不可能成為一個真正的成功投資者。」在一九九九年伯克希爾股東大會上，查理芒格如是說。

事實上，巴菲特在投資的過程中，一直沒有停止對新知識的學習。他還申請到了跟隨價值投資大師格雷厄姆學習的機會。

一九五七年，巴菲特又親自向知名投資專家費雪登門求教。後來，巴菲特在好友的協助下，融合格雷厄姆和費雪兩位投資大師投資體系的特長，形成了自己的「價值投資」的投資體系。在之後的投資實戰中，巴菲特仍不斷地摸索，最終成為一位投資大師和世界首富。

年輕人要明白，三十五歲以前學會自己行業的必要知識，成功的機率就要超過其他人許多。在這個世界上，如果你不努力學習適應社會，那麼你將被社會所淘汰。你要想不被社會所淘汰，就必須用「淘汰自己」的精神去學習。

當你選擇了一個行業，並且進入一家公司開始你的事業之路時，你就應該知道自己要以什麼樣的態度開始自己的事業，以什麼樣的高度來要求自己，並且清楚認識到需要哪些知識來開拓自己的發展空間。只有不斷地拓展自己，這樣你才能不斷地加快自己的腳步，向著人生的目標前進。

擁有更豐富的知識才能拓展更廣闊的發展空間，只有在更廣闊的發展空間裡，你的才能才會得到更高水準的發展。因此，你應該明白，三十五歲之前，如果你能奠定人生的基礎，掌握自己行業內必需的知識，那麼你的人生將會在三十五歲的黃金時間像黃金一樣閃閃發光。

3 每天淘汰你自己

卡內基曾經說過：「人生的成功自然包含著人人想得到的功名成就，但它不是最重要的，更不是唯一的照亮前路的明燈。重要的是活得瀟灑，要勇敢地面對每一次更新。對於任何你想嘗試的新事物來說，或許總有某些人是比你更在行，更有成就的，因此你要學會突破自我設限。」

如今是一個學習型的社會，人與人之間的差異主要是學習能力的差異，人與人之間的「較量」關鍵在學習能力的「較量」。不學習意味著什麼？意味著要被社會淘汰，意味著沒有生存能力。所以，廿一世紀的流行語不再是「你吃飯了嗎？」而是「你學習新知識了沒有？」如果你不想被高速運轉的社會所淘汰，那麼你每天要做的就是淘汰自己。

有一次，卡內基去參加所在訓練班的畢業聚會，在聚會上，一個畢業生當著二百多人的面對卡內基說：「卡內基先生，五年前，當我來到你舉辦示範表演的一家飯店時，我只走到會場門口就立馬停住了。我知道只要走進房間參加上課，早晚都得要講演一番，可是那時我的手僵在門柄上，我害怕走進去。最後，我被我自己打敗，轉身走出了飯店。當時，我要是知道你能教人輕而易舉地克服恐懼——那種面對聽眾會癱軟的恐懼，我就不會白白錯過失去的五年了。」

聽完他的話後，卡內基深為他的自信所吸引，因為他這樣坦誠相告，並不是隔著張桌子在閒話家常，而是在對著許多人發表議論。這說明，他已淘汰掉了那個曾經害羞的自己。但同時，卡內基也深深為他惋惜，就因為當初沒有勇於淘汰自己，結果白白失去了五年的時光。人生又能有幾個五年呢？

二十世紀七〇年代的時候，一些未來學家曾經預言：「當人類跨入廿一世紀時，每週的工作時間將壓縮到三十六小時，人們將會有更多的時間提升自我，休閒娛樂。」但歷史的腳步真的邁入廿一世紀時，人們卻驚訝地發現，相當多的人每週工作時間反而在一直增加，有些人的甚至超過了七十二小時。而那些不甘願被市場無情淘汰的人，還把自己休閒娛樂的時間拿出來用於「提升」自我。

查地戈教授曾經說過：「世界上最長的東西，莫過於時間，因爲它永無窮盡；最短的東西，也莫過於時間，因爲人們所有的計畫都來不及完成；時間可以擴展到無窮大，也可以分割到無窮小；當時，誰都不重視，過後，誰都表示惋惜。」

是的，時間不是靜止不動的，就像你今天不學習，浪費了今日的好時光，那麼明天就要接受被淘汰的命運。

事實上，商場上瞬息萬變，我們對其的適應也必然是一個不斷改變自己的過程。在這個過程中，或許我們每天都會失去一些東西，但是同時也會得到一些東西。正是因爲這樣，我們才會成熟，才能學會在商場中永存不敗的生存本領。

美國未來學家托夫勒有句名言：「未來的文盲不再是不識字的人，而是不會學習的人。」有一句名言與這個觀點相同：「容易走的都是下坡路。」如今社會的飛速發展，需要我們不斷更新我們的知識結構和拓寬知識面。

因此，我們每個人都要學會突破自己成長的上限。人在成長過程中的限制是一直存在的，這種限制會伴隨你的一生，在成長中要不斷地調整，不斷地充實，不斷地成熟，不斷地擺脫成長中的限制，這樣才能實現人生最爲美麗的蛻變。

4 實踐是檢驗真理的唯一標準

聰明的人不會過於相信書本，因爲他們相信，經驗和管理能力的積累是要靠實戰鍛煉出來的。只有將書本上的知識投放到實踐中去，學以致用，讓實踐來檢驗理論，這樣才能真正腳踏實地地步入成功。

一味迷信書本知識，我們就會喪失自我思考能力，行動就會不自覺地被書本上的論斷所束縛。所以我們首先要相信自己，堅持自己的想法，才能跳出框框，發現新道路。如果一個人能做到不迷信書本知識且注重實踐，那麼他人生發展過程中的突破階段就即將到來。

商場上，通過奮鬥與失敗的一次循環就實現成功的目標的事是很少的。因爲一個正確認識的形成，往往需要經過實踐、認識、再實踐、再認識……的多次反覆才能完成。在這種多次反覆的過程中，每一次反覆都包含著錯誤和失敗。由此可見，很多時候，我們在參考書本知識的同時，還要保有自己的思想，不應盲從，因爲即便是書本上的內容也有錯的時候，實踐才是檢驗真理的唯一標準。

5 將向富人學習當作一生的功課

當卡內基還沒有在演講學上有所成就之前，他也曾爲了生活而顛沛流離。但是就在他幾度悲觀、失望之際，他心中總能騰升出某些成功人士的形象，或許正是這些成功者在冥冥之中對卡內基造成的影響，使得卡內基在成功路上能夠奮勇拼搏。

在商場上，智慧源於學習、觀察和思考。要想真正提升自己，朝著富人之路前行，那麼最重要的途徑便是向富人學習，因爲在富人的「言傳身教」中，我們能夠最大限度地學習富人的致富經驗和智慧。

有位名人說過：「要想變得富有，你必須向富人學習。在富人堆裡即使站上一會兒，也會聞到富人的氣息。」美國著名的領導力專家約翰麥斯威爾對成功人士爲什麼能成爲行業內的領袖做過一個問卷調查，並由此得出結論：自然天賦占百分之十，危機所產生的結果占百分之五，其他領袖的影響占百分之八十五。也就是說，有超過五分之四的人之所以能夠成功，是因爲受到了那些卓越的前輩的影響。

曾經有一位窮人見富人生活得非常愜意和舒適，於是對富人說：「我願意在您家裡為您工作兩年，我不要一分錢，但是能讓我吃飽飯有地方住就行。」

富人聽後，立即答應了窮人的請求。

兩年期滿，窮人離開自謀生路。又是三年過去，昔日的窮人已經變得非常富有，而富人卻變得窮困起來。於是富人向昔日的窮人請求，自己願意出錢買他富有的經驗。

窮人聽罷，只是哈哈大笑：「我是用從你那兒學到的經驗賺得了大量財富，而今你又用金錢買我的經驗呀！」

的確，但凡富人能夠致富，通常都是有他自己的經驗和智慧的。我們都明白，知識源於實踐，但是因爲每個人的自身經歷和經驗有限，尤其是對於一些初涉商場的人來說，經驗更是不足，而且不可能事事都親自去實踐。所以，嘗試著從有經驗之人那裡去學習如何致富，就是一條非常好的途徑。

因此，卡內基建議年輕人，試著向那些偉大的人物學習，將他們作爲自己的榜樣，學習他們身上自己所並不具備的亮點，在他們指引下，向著自己的成功邁進。

6 養成終身學習的習慣

卡內基認爲，學習應該像呼吸一樣，與人終身相隨，因爲它可以讓生命不斷地昇華。而在不斷地學習中，你也會逐漸發現學習的樂趣。

通常情況下，習慣是一個人日常行爲的自動化，不需要別人的監控，而好的習慣一旦養成，就會成爲支配人生的一種力量。特別是在財富之路的攝取中，如若能夠養成一種良好的學習習慣，那麼你必然會在工作和創富的路程中獲得快樂。

在一九七八年的巴黎聚會上，當時邀請的嘉賓是七十五位諾貝爾獎的得獎者。在現場採訪的過程中，有一位記者問其中一位獲獎者的感受：「你在哪所大學、哪所實驗室裡學到了你認為最重要的東西呢？」

結果出人意料的是，這位記者所採訪的那位白髮蒼蒼的得主回答說：「是在幼稚園裡。」

記者當時為這位獲獎者的風趣幽默所感染，又繼續問道：「那您在幼稚園裡又學到了什麼呢？」

這位白髮蒼蒼的獲獎者回答：「把自己的東西分一半給夥伴們；不是自己的東西不要拿；東西要放整齊，飯前要洗手，午飯後要休息；做了錯事要表示歉意；學習要多思考，要仔細觀察大自然。從根本上說，我學到的全部東西就是這些。」

記者聽後不禁莞爾，只當是獲獎者的一番幽默致辭。但當記者連續採訪了多位獲獎者之後，才恍然大悟，原來這位白髮蒼蒼的老者的回答，其實是代表了與會科學家所有的普遍看法。把科學家們的普遍看法概括起來，就是他們認為終生所學到的最主要的東西，是幼稚園老師給他們培養的良好學習習慣。

英國唯物主義哲學家、現代實驗科學的始祖、科學歸納法的奠基人培根，一生成就斐然。他在談到習慣時深有感觸地說：「習慣真是一種頑強而巨大的力量，它可以主宰人的一生，因此，人從幼年起，就應該通過教育培養一種良好的習慣。」

聯繫現實生活中的人和事，再仔細分析一下，就會越發感到培根的話確實包含著深刻的道理，尤其是在學習上，幾乎對每一個人都適用。如果你渴望獲得較好的致富效果，如果你渴望有效地利用時間，如果你渴望在事業上有所建樹，那麼，就請你儘早養成良好的終身學習習慣。

人在世上謀生需要知識，發展自己的事業需要知識，不論幹什麼，都要經過知識的幫助。卡內基也曾說過：「知識，對我們來說，是一種糧食。這種糧食一旦枯竭，將全盤皆輸。沒有相應的知識，工作不會成功，生活不會美滿。知識就是力量，知識就是生產力。」由此可見，養成一種良好的學習習慣，學會更多的致富知識對我們來說將會是一件多麼重要的事情。

學習是精神生活的重要組成部分，也是致富之路上永恆的主題。很多時候，一個人致富能力素質的高低，最終取決於能否鍥而不捨地堅持學習。人的一生基本上都是在不斷的學習和充實自己中度過的，因此，愛上學習，養成良好的習慣，那麼你將終身受益。

第十一課
沒有人能隨便獲取金錢

1 把事情當成事業來做

卡內基曾經說過：「幸福來源於為事業的成功而奮鬥，而事業成功的首要前提是立志，立下遠大而實際的志向。遠大的志向，是人的生命之光，是人的精神動力。」的確，假如你認為每天只是把分類的事情做好就可以了，那麼你必定無法突破自己，獲得更大的成就。

把職業當工作，往往一事無成；把職業當事業，往往成就非凡。因為如果你把職業當職業，你想到的就是一份工作，一種謀生的手段，那麼你就會覺得你的工作很無奈、被動，自然也就會產生一種消極的念頭，最後的結果往往也只會是一生平庸。所以，如果你胸懷大志，就一定要把事情當成事業來做。

卡內基於一八八八年出生於密蘇里州的一個貧苦農家，排行老二。從十一歲時起，卡內基就得每天清晨四點起床，幫父母做農務，而家裡則供他在密蘇里州瓦倫堡師範學院上學。

等到他畢業後，第一份工作便是向牧場主推銷函授課程，接下來開始為阿默公司推銷培根、香皂和豬油，其負責的銷售區域位居該公司最佳銷售業績。

在經過幾番艱難的打工並且攢下五百美元後，卡內基辭掉了推銷工作，為追求自己成為一名文化集會演講者的夢想來到紐約。

在紐約的日子裡，他沒有工作，入不敷出。而正是在這裡，他萌生了講授公共演說課程的念頭，他說服基督教青年會經理開設演講培訓課程，並將八成的收入交給基督教青年會。他收集所有訓練資料，由此獲得了初步成功，逐漸在社會上站穩了地位。

一九一二年，卡內基憑著對演講事業的愛好，對課程又進行一些改進，他利用每位普通人都想讓自己變得更加自信的願望，為他們提供一種實用的說話課程。一九一四年，他已經能賺到五百美元（相當於週薪一萬美元）。

一九一六年，卡內基租下卡內基大廳做演講培訓，他完成了第一本培訓手冊《演講的藝術》。一九三六年，他寫作的《人性的弱點》問世，並於次年成為全美暢銷書，幾個月內重印十七次。

當卡內基以一個百萬富翁的面目出現在美國公眾面前時，所有的人都認為他的事蹟簡直可以說是一個奇蹟，人們為這種奇蹟所鼓舞，也紛紛地走上尋找財富的道路。

卡內基的成功無疑告訴我們，要想把事情當作事業來做，就必須要求自己做事從大處著眼，從小事做起。當你把職業當作事業時，工作便成了自己生命中不可缺少的一部分。這時候，你也就會更加願意做、想做，會有強烈的求知、上進欲望。在工作中，你就會主動開拓、奮發進取，充分發掘自己的潛能，追求生命價值的實現。

其實，用心工作，最大的受益者是自己；敷衍工作，最大的受害者也是自己。在商場上，很多人總是渴望自己能夠升職、加薪，但同時卻又在工作中抱著「爲老闆打工，只是完成任務」的念頭，甚至產生敷衍、懈怠的工作態度，這樣一來，你又怎麼能夠得到提升呢？

事情與事業，看上去只有一字之差，但差此一字，卻是失之千里。正所謂

「失敗者做事情，而成功者做事業」，每個人都應該明白，只有當你真正地投入並專注於你的工作，並且將之當成是屬於自己的事業來做，這樣你才能取得更大的成就。

2 別給自己找藉口

卡內基認爲，碰到困難時，人們的第一個反應就是因爲這件事無法做到而感到煩惱、苦悶。然而，與其苦悶，不如先把這些煩惱停下來，而先來考慮怎樣去行動。這個世界上，不怕你不敢想，就怕你不敢做。一個人如若真想有所成就，就永遠不要讓夢想停滯，永遠不要說不可能。

很多時候，藉口就像是失敗的溫床。特別是在商業場合中，如果總是試圖找出一些藉口來爲自己辯護，總想讓自己輕鬆些、舒服些，那麼你就絕對不會獲得事業上的成就。因爲這些看似不重要的藉口已經爲你的懶惰埋下了失敗的禍根，你只能在一個個的藉口中滑向深淵。

卡內基的夫人陶樂絲負責訓練學生記人名的課程。一節課後，一位學生跑來找她，這位學生說：「卡內基太太，我希望你不要指望你能改進我對人名的記憶力，這是絕對辦不到的事。」

「爲什麼辦不到？」卡內基夫人吃驚地問，「我相信你的記憶力會相當棒！」

「可是這是遺傳的呀，」學生回答她，「我們一家人的記憶力全都不好，我爸爸媽媽將它遺傳給我。因此，我這方面不可能有什麼出色的表現。」

卡內基夫人說：「你的問題不是遺傳，是懶惰。你覺得責怪你的家人比用心改進自己的記憶力容易。你不要把這個『可是』當作你的藉口，請坐下來，我證明給你看。」

隨後的一段時間裡，卡內基夫人專門耐心地訓練這位學員做簡單的記憶練習，由於學員專心練習，學習的效果很好。這位學員因此學會了從自己本身找缺點，而不是找藉口。

任何一個社會都存在兩種人：成功者和失敗者。根據二八法則，百分之二十的人掌握著社會中百分之八十的財富。那麼是什麼原因讓少數人比多數人更有力量呢？因爲多數人都在找藉口。二十和八十的區別也在於：一種是不找藉口只找方法的人，另一種是不找方法只找藉口的人。而前一種人往往是成功者，後一種人往往是失敗者。

很多時候，「找方法」的人比「找藉口」的人聰明，雖然找方法會更辛苦，但由於總能出色地解決問題，久而久之，給大家留下的印象就是：「這個人靠得住！」而一個靠得住的人，前景自然風光無限。而「找藉口」的人，通常明明自己可以勝任某件事情，但是卻由於嫌三棄四，拿各種理由爲自己開脫，這樣一來只會一拖再拖，錯過了發財的最佳時機，由此落得「鴕鳥」的悲劇。

所以，與其讓藉口成爲你自欺欺人的手段，倒不如勇敢地接受挑戰，全力以赴地去完成，遇到困難努力克服。就算最終任務沒有出色完成，甚至徹底砸了，也不要找藉口推卸責任，自己主動總結經驗教訓，堅決不讓同樣錯誤下次再犯。這樣一來，才能爲下次的創富之路提供更爲穩定的發展。

世界成功學之父拿破崙希爾認爲：「要成爲一名成功人士，你必須積極地努力，積極地奮鬥，成功者絕不拖延，拖延者絕不成功，永遠都不要對自己說：『有朝一日，再去行動！』」對於每個渴望成功的男士來講，找藉口是一種最危險的惡習，它只會讓我們喪失進取心。

在美國卡托爾公司的新員工錄用通知單上印有這樣一句話：「最優秀的員工是像凱撒一樣拒絕任何藉口的英雄！」世上沒有什麼是不用費勁就可以自然做成的，假如你想找一百個藉口，那麼就能找一百個，甚至比一百個還要多的藉口，這樣，你表面上得到了安慰，但你將一事無成！

你要想成爲一名如卡托爾公司所說的「最優秀的員工」，就應當記住那句話——「最優秀的員工是像凱撒一樣拒絕任何藉口的英雄！」

智者總是能從資訊中發現寶貴的機會，然後果斷出擊，贏得最後成功的桂冠。所以，對於希望獲取更多財富的男士來說，如果你知道很多掙錢的方法，請現在就行動，那樣才能摘取勝利的果實，把所有東張西望、畏首畏尾的人遠遠甩在身後。

3 一鼓作氣，蓄勢待發

卡內基曾經說過：「如果你想成爲一個眾人嘆服的領袖，成爲一個才智過人、無人可及的人物，就一定要排除大腦中所有雜亂無緒的念頭。」生活中，只有那些找到夢想重心，並且堅持到底，不達目的不甘休的人，才能獲得最後的勝利。

很多人在找尋夢想的路上，就像走馬觀花換戀人一樣，他們最終無法實現夢想的原因，就是因爲他們同時涉足了太多的領域，精力太過分散，爲此而阻礙了他們的進步，使得他們最終一事無成。只有始終向著目標前進的人，才能取得成功。

一九一〇年，卡內基和一個來自麻塞諸塞州鄉下，名叫惠特尼的年輕人一起合租紐約市一間廉價寄宿公寓。

惠特尼出身農家，他和其他窮困的鄉下孩子唯一的不同點是：他決心成為一家大公司的老闆。惠特尼找到的第一份工作，是為一家大食品連鎖商當零售店員。他急於瞭解業務狀況，便利用午餐時間到批發部門去工作。他這樣做雖然不能得到別人的感謝和額外的薪水，可是當一個更好的工作出現時，老闆就想到惠特尼，而把工作留給他。

從零售店員升為業務員，然後是部門主管、地區經理。隨著歲月的消逝，惠特尼漸漸爬了上來。他不免會有失望和挫折。在某家公司服務多年之後，他感到自己到了盡頭，因為總裁在公司裡有太多的親戚了。

在另一家公司，他發現晉升的根據是年資——他知道自己到死都無法成為決策性高級職員。但是他一直沒有忘記自己的目標。當他變成一家包裝公司的總裁後，終於達到了目標。後來，他又創設了「藍月乳酪公司」。

惠特尼曾對卡內基說：「有一天我要成為一家大公司的總裁。」這句話並不是癡人說夢，他是在肯定自己的內在信念，為自己定下一個方向，藉以鼓舞一生中的每一個行動。

每當卡內基回憶起為什麼惠特尼轟轟烈烈地成功，而另外卻有那麼多人失敗的原因時，卡內基發現，其實惠特尼工作努力——可是別人也一樣努力，最為關鍵的是，他清楚地知道他的方向。當他加班，當他換工作，當他學習業務上的新枝節時——目標都是朝向同一個方向。

在生活中，有不少人缺乏明確的目標。他們就像地球儀上的螞蟻，看起來很努力，總是不斷地在爬，然而卻永遠找不到終點，找不到目的地。其實追尋財富就像一場馬拉松長跑，如果總是把心思放在賽道旁的美景，就永遠無法獲得終點線上的勝利。在創富過程中，與其把所有的精力消耗在許多毫無意義的事情上，還不如看准一項適合自己的重要事業，集中所有精力，埋頭苦幹，全力以赴，肯定可以取得傑出的成績。

日本有一個流傳近千年的故事。故事講的是兩個漁民，一個叫阿呆，另一個叫阿圖，他們都夢想成為富翁。一天，阿呆做了一個夢，夢裡有人告訴他，對岸島上的寺裡有四十九株朱槿樹，開紅花的一株下面埋了一罈黃金。

阿呆滿心歡喜地駕船去了小島，島上一切景色果然如夢中所說。春天一到，四十九株朱槿樹全都盛開，只不過開的是清一色的淡黃花，阿呆便垂頭喪氣地回去了。

阿圖知道了這件事後也來到了寺裡，從秋天等到第二年春天。果然，在春風的吹拂下，朱槿花再次開放，但與去年不同的是，其中一株朱槿樹盛開出美麗絕倫的紅花。阿圖激動地在那棵樹下挖出一罈黃金，成為村裡最富有的人。

爲什麼阿呆的夢想沒有成真，而阿圖卻實現了夢想？因爲阿呆做事沒有恆心、沒有執著追求的精神。

英國政治活動家、小說家愛德華利頓說：「有許多人看到我整日裡如此忙碌，事無巨細無不顧及，竟然還能有時間來從事學問研究，他們都免不了奇怪地問我，『你怎麼會有那麼多時間來完成這樣多的著述呢?你究竟有什麼分身之術，可以做完這麼多工作呢?』或許我的回答會令你大吃一驚，答案就是——我之所以能做到這一點，是因爲我從來不同時做好幾件事情。」

很多人之所以創富失敗，並不是因爲他們才能不夠，而是因爲他們不能集中精力、不能全力以赴地去做適當的工作，如果他們能夠將心中的雜念一一地摒除掉，那麼他們一定能夠在自己的人生路上幹出一番偉業。

夢想需要「聚焦」，創富之路更需要一鼓作氣。也就是說，一個人要想真正在社會上幹出一番成績來，就必須把「三分鐘熱度」無限期地延長下去。咬緊一處，一鼓作氣勇往直前，那樣才能抵達勝利的殿堂。

4 別把發財的夢想寄予別人

卡內基曾經說過：「人生最大的驕傲，不是外來的掌聲、名利或權勢。只有試著學習認識自己的潛能，並在設定方向之後，不畏艱辛，靜心、努力、不懈地追尋，才能獲得人生至樂。」對於財富之路的尋求，只有通過我們自己不斷地發掘自我能力，並且努力去追尋，才能達到一定的境界。

事實上，我們每個人心中都蘊藏著無限的潛能，只要用心去做，一切皆有可能。千萬不要總是將希望寄託在他人身上，那樣反而到最後得不償失。成功的創富之路，是需要我們自己一步一個腳印去實現的，只有這樣，我們才能給自己創造出美好的人生。

愛默生在他的散文《自己靠自己》一文中說：「在天才的每一項創作和發明之中，我們都看到了我們過去放棄的想法；這些想法再呈現在我們面前的時候，就顯得相當的偉大。」對真正的成功者來說，不論他的生存條件如何，都不會浪費自身潛能，不會自貶可能達到的人生高度。他會鍥而不捨地去克服一切困難，發揮自身才能的最大力量，堅定地朝著人生的最高目標前進！

其實，每個人都蘊藏著巨大的潛能。但這種潛能的發揮是和周圍的環境息息相關的，太過於依靠他人就會降低自己的價值，不利於自我潛能的發揮。塞蒙頓醫生說過：「你對自己的生命擁有比你想像的更多的主宰權，即使是像癌症這麼難纏的惡疾，也能在你的掌握中。」他還說：「事實上，你可以運用這種心靈的力量，來決定自己要享受什麼樣的生命品質。」

現代心理學研究提供了一個讓我們驚詫的客觀資料：絕大部分正常人只運用了自身潛藏能力的百分之十。可以這麼說，每個人都有一座「潛能金礦」等待被挖掘，哪怕只能挖掘出來一小部分，都能使窮人的生活立刻變得富裕。但是很多人卻對自己的這部分待開發的潛能不瞭解，認爲自己這裡不行，那裡不行，從而自己限制自己本身的發展。高財商的商業精英們都是懂得如何充分挖掘自己的潛能，懂得利用自己的才能得到自己想要的財富的。

凡是在致富之路中獲得成功的人，從來都是靠著自我頑強的奮鬥力與自我堅強的意志力走到最後的，因爲他們明白「自己才是最值得信賴的人」這個道理。因此，每個人也都要對自己充滿信心，因爲即使天上掉金子，也是你自己伸手去接，金子才會掉落在你手中。你必須記住，你的人生、你的財富是掌握在你自己手中。

5 跌倒了，趕緊爬起來

卡內基說過：「成功者與失敗者之間最大的區別，通常在於毅力。許多天資聰穎者就因爲失敗之後放棄了，以至功虧一簣。然而，成就輝煌的人絕對不會輕言放棄。就像有人說得好，成功者不過是爬起來比倒下去多一次而已。」所以，一個人要想真正問鼎財富之巔，那麼就要有比他人更加執著的耐力。

有一句諺語說得好：「跌倒了，趕緊爬起來。」賈伯斯曾因經營決策的失誤而被迫離開蘋果公司，但他認識到自己的錯誤，吸取教訓之後，通過經營一家動畫工作室逐漸走出人生的低谷，最終重新回到蘋果公司。在他的帶領下，

「蘋果」被打造成神話。

由此可見，只要一個人奮鬥的精神實質不變，那麼憑著驚人的耐力與執著，終究能從失敗的低谷中走出，重新走向成功。

商場上變幻莫測，也許今天你失敗，但是明天就有可能再度一躍而起，乃至飛黃騰達。很多成功人士並不是一開始就是命中註定的成功，他們可能要面對很多次失敗。但是在失敗面前，他們卻都經受住了考驗，所以他們能夠再次崛起而通向成功。

正如跌倒是每個嬰兒學習的必經之路。不小心跌倒了，絕對不能夠只因爲一時的失意而一蹶不振。商場上的順境、逆境，對於一個有智慧的人來說都是寶貴的經驗，都可能從中累積成功的資本。所以，即使偶爾跌倒了，只要不因此倒地不起，就不算失敗。

你應該學會用毅力當作自己勇往直前的支柱，讓自己用更加頑強的積極態度來對待每一次挫折和失敗，必然能重新走向成功。請你牢記：一切失敗都只是成功的墊腳石。

6 將逆境變成幸福的能力

卡內基說過：「要成功並不容易。想要獲得成功就得像風箏，不斷與強風對抗，方能升向高峰。基於成功的信念，以便堅定向前，無懼於沿途所遭逢的困難。」對於「征戰」商場的男人來說，一定要有將逆境變成幸福的能力。

商場上挫折與困難是在所難免的，但是能夠遇到挫折與困難，你應該感到高興。因爲證明自己能力的時刻到來了。雖然逆境會給人帶來壓抑和煩惱，但是只要你能夠正視它的存在，相信自己的能力，那麼你就能將之變爲磨煉自己的一次機遇。

卡內基曾經因為家中極度貧困，因此時常穿著粗陋、破舊的衣服上學，儘管卡內基曾經不斷地為自己的衣服而悲哀，但是他本身卻有著一種內在的堅強。因為與年長他三歲的哥哥克里佛頓相比，他更執著、更堅韌，有著高昂的求知欲與進取心。

卡內基的母親是對他影響極深的人。卡內基的母親曾經在社區的一次演講中，用得體的言辭和大方的舉止，在小卡內基心中留下了極深刻的印象，也使他埋下了對演講的興趣種子。即使若干年後，面對演講接連失敗，他仍然堅持下來。

日常生活中，母親對卡內基兄弟倆的教育很重視。卡內基成長時代的三次搬家，都是為了上學方便。但是他的求學之路依然艱難。可是，卡內基還是幸運的，因為他所讀的瓦倫斯堡學院很重視學生辯論及公眾演說能力。尤其給他鼓舞的是，「有一位滿懷自信的文化講習會主講人斷定我具有非凡的演說能力」。所以在他參加了十二次社區的演講比賽都失敗後，即使已經沮喪絕望到想自殺了，他還是堅持了下來。「沒這回事！我要繼續比賽，直到贏上一次！」

最終，他以大衛斯及林肯的《蓋茲堡演說》一文，獲得校內朗讀比賽勒柏第青年演說家獎。這次獲勝，改變了他的生活，使他找到了自信與自尊。憑著這份自信，在瓦倫斯堡學院肄業後，他離開農場，去尋求新的生活。

有位名人曾說過：逆境是人生的標記之一，尤其是在商場上，每一個逆境的出現，都代表了我們將要經歷一次成熟與昇華。很多時候，我們之所以被逆境擊敗，主要原因之一就是我們在它面前常常軟弱地進行了妥協。

在商場的逆境之中，冷酷的事實確實是帶來了無可彌補的損失，但真相的背後卻往往隱藏了更爲偉大的力量，會引發翻天覆地的變化。每一次挫折和失敗都是一次自我超越的開端。拿破崙希爾說過：「它看起來像是失敗，其實卻是一隻看不見的智慧之手，強迫人們改變方向，向著另一個更有利的方向前進。」

當我們遇到挫折時，切勿浪費時間去算你遭受了多少損失；相反的，你應該算算看你從挫折當中，可以得到多少收穫和機遇。只要你用心去思考，理性認真地分析，你將會發現你所得到的，會比你所失去的要多得多。

美國鋼鐵大王安德魯卡內基在一次講話中這樣說過：

「對於那些生來一無所有的年輕人，我想向他們表示祝賀。因爲他們出生在一個令人榮耀的境地，這種環境註定了他們必須孜孜以求、不懈努力才能夠改變自己的處境，才能出人頭地。」

由此可見，世間本無逆境，只是當人們遇到無法面對的處境的時候，才給出一個概念叫「逆境」。所以，每個人都應該學會將逆境看作是我們獲得更多知識和更多經驗的一次鍛煉，從中學習到更多的東西，這樣你必然會將其變成爲一種幸福。

第十二課

做金錢的主人

1 克服因金錢而產生的煩惱

卡內基認爲，金錢不應該成爲人們的煩惱來源之一，它只是人們生活的一種手段，它的存在只是爲了讓人們衡量生活的品質，而不是決定生活的意義。

巴爾扎克是文學史上的巨匠，但他的一生幾乎都是靠欠債度過的。從青年時代經營出版印刷業破產負重債開始，接連不斷地遭遇商業、企業經營上的慘敗，破產與敗訴的打擊，以及他的不善理財，不善節儉，收支紊亂，使他一直是舊債未了又負新債，至死都未能還清。

為了躲債，他和債主們巧妙周旋。為了逃避執達吏的追捕，他挖空心思地隱藏行蹤。人常說「狡兔三窟」，可巴爾扎克的藏身之處不止三處。

更為有趣的是，一天夜裡，一個小偷爬進了巴爾扎克的房間，在他的書房裡亂摸。巴爾扎克被響聲驚醒，他一邊悄悄地爬起來，點亮蠟燭，一邊微笑著對那個驚慌失措的小偷說：「親愛的，別找了，我白天都不能在這書桌裡找到錢，現在天黑了，你更別想找到啦！」

很少人真正知道自己想從生活中獲得什麼，甚至還有一些人堅定地宣稱，有了很多錢就可以使他們得到想要的一切。為此，他們甘願成為金錢的奴隸，讓金錢支配自己的喜怒哀樂。時常為了金錢而活著的人，顯然一生都將被金錢左右而無法自拔。

不要再為金錢而煩惱了，學會合理地支配金錢，看清金錢本身的意義。當你是為了生活的意義而駕馭金錢時，金錢自然會幫你提升生活的品質。

2 面對金錢，要保持頭腦清醒

卡內基認為，錢能夠對提高我們的生活品質起到多少作用，要看我們能多聰明地運用手上的錢，而不是看我們到底有多少錢。我們每個人在對待金錢的時候，一定要學會時刻保持清醒的頭腦。

儘管很少有人真正知道自己想從生活中獲取什麼，但大部分人卻堅定地宣稱，有了很多錢就可以使他們得到想要的一切。很顯然，這種想法不僅會讓他們步入歧途，而且還連可能最後的人性都被金錢所腐蝕掉。

長久以來，人們一直受物質主義的主宰和操縱，不斷地以追求財富、積累金錢作爲奮鬥的目標，認爲擁有了巨大的財富就擁有了快樂。誠然，金錢對人們的生活的確有作用，但是並不像大多數人想的那麼重要。

卡內基曾經說過：「人們對金錢最爲普遍的一種錯誤認識是，錢可以使他們快樂。實際上，金錢聚積過多，不僅不會帶來快樂，反而成爲仇恨、相爭等煩惱的根源。」因此，切記不可把金錢作爲人生追求的最終目標。當面對金錢的誘惑時，一定要保持清醒的頭腦。

美國猶他州有一個叫費林的人剛剛買了一個老房子。房子成交後，他忽然發現屋頂上面有個開口，裡面似乎有個隱藏的空間。

他找來一個梯子爬了上去，上面雖然很黑，但是他還是能夠看到那上面放著一個又舊又髒的木盒。他拿起來掂了掂，然後隨手打開來，立刻被嚇了一大跳，因為裡面裝滿一卷一卷的鈔票！等到他仔細查看了一番，沒想到又發現了七個裝滿鈔票的盒子！

他把八個盒子全都拿回家，和孩子一起清點那些錢，當數到四萬的時候，他們決定不再繼續數下去了。仔細思量之後，他決定把這筆錢還回去。費林聯繫了這座房子原主人的兩個兒子，將錢全部還給他們。

後來，費林對前來採訪他的電視臺記者說：「這筆錢給我們全家帶來很多樂趣，它給了我們機會，使我們有勇氣去表明我們誠實的生活態度，這對於我們全家人來說是大好事。」

費林沒有把這筆不屬於自己的錢占為己有，但這筆錢卻給了他和他的家人更大的歡樂。錢能給人們帶來的好處並不是通過佔有來實現的，它對人的意義完全是人們自己所賦予的。

不可否認，金錢是證明你的財富數量的重要依據。但是你有沒有仔細想過什麼是金錢，金錢對於你而言到底有什麼意義?的確，不管人們處於何種地位，錢都是生存的必需品，錢也是增進休閒方式、提高生活品質的一種途徑。然而，不幸的是，很多人都容易被貪婪蒙住眼睛，把錢視爲生活的目的，而不是改善生活的手段。如果我們一味地把金錢本身當成了目的，就會陷入失望和不滿，並且永遠無法達到提升生活品質的目標。

那麼，錢和快樂到底有什麼關係呢?卡內基認爲，承認錢是生存的一項重要因素，但這並不能告訴我們，要多少錢才能夠快樂。很多事實證明，許多財力平平的人比我們在報紙上讀到的百萬富翁活得更自由、更快樂。

因此，只有理性地面對金錢，認清它本來的意義，我們才能真正快樂起來。將個人的安全感建立在金錢上，無疑是修建空中樓閣。那些努力於用金錢爲自己建立保障的人，實質上是最沒有保障的人。

3 學會自我放鬆

卡內基認爲：「一個坐著工作的人，如果他的健康狀況良好的話，他的疲勞完全來自心理因素，也就是受情感因素的影響所致。得不到欣賞、孤立無助、過於匆忙、焦急、憂慮，這些感覺都會致人精疲力竭……」一個疲倦的人，在同樣的時間內要比正常的人少做許多工作。可以說疲倦是浪費時間的「元凶」之一。

那麼如若我們在工作中遇到類似這種精神上的疲勞該如何辦呢？卡內基提供的建議是：「一定要放鬆！放鬆！再放鬆！」放鬆眼部、臉部的肌肉、頭部、肩膀、整個身體。但這並不是一件容易的事，可能要你改掉一生的習慣才能實現。

有一個聰明的年輕人，很想在一切方面都比他身邊的人強，尤其是想成為一名偉大的學者。許多年過去了，他在很多方面都做得不錯，但卻沒有明顯地比他身邊的人強。他很苦惱，就去向一個大師求教。

大師聽完年輕人的請求後說：「我們去海邊吧！到了那裡你就知道該如何做了。」於是，青年人帶著疑惑的心情與大師一起去了海邊。

一望無際的海邊上有許許多多漂亮的貝殼，大師建議這位年輕人，如果看見了自己喜歡的漂亮貝殼就將之裝進口袋。很快的，這位年輕人就因為所撿貝殼的沉重吃不消了。

「大師，再撿的話，我恐怕背不動啦。」年輕人疑惑地望著大師。

「是呀，那該怎麼辦呢？」大師微微一笑：「該放下了。為何不放下呢？看到喜歡的就撿怎麼走得動呢？」

年輕人先是一愣，後則忽覺心中一亮，向大師道了謝走了。從此，他不再一味地只是沉迷於鑽研，他還學會了適時的放鬆。因為他明白，如果總是抓住想要的東西不放，甚至貪得無厭，就會帶來無盡的壓力、痛苦，甚至毀滅自己。

有一個讓人難以自信的事實：只有勞心的工作，並不會讓人感到疲倦。

這聽起來似乎讓人不可思議，但在前幾年，科學家們就想找出一個問題的答案——人類大腦在不降低工作效率的情形下，究竟能支持多久？令人驚奇的是，這些科學家發現，處於放鬆狀態的人，即便工作了很久，但他的血液通過活動的腦部時，他的大腦一點都沒有出現疲勞現象！但當被測試的人處於煩躁、厭倦、緊張的情緒中時，他的血液就充滿了「疲勞毒素」，讓大腦產生疲倦。

英國著名的神經病理學家海德菲在其《權力心理學》一書中寫道：「大部分疲勞的原因源於精神因素，真正因生理消耗而產生的疲勞是很少的。」美國著名的精神病理學家布利爾更加肯定地宣稱：「健康狀況良好而常坐著工作的人，他們的疲勞百分百是由於心理因素，或是我們所說的情緒因素。」

的確，生活在現代社會，我們都需要處理很多的事情。但越是繁忙，我們越要爲心靈找一個出口，讓自己靜下來，去想想一些本質性的工作。比如反思一下最近的工作和活動，想想目前的這種狀況是怎麼產生的，它處於發展的什麼階段，這些階段需要處理的事情是什麼，主要的問題癥結在什麼地方，從哪裡下手才能兼顧其他方面的事情。從而做出一個合理的安排，不至於沒有頭腦盲目地亂做一氣。越是一個勁地拼命工作，就極有可能越是摸不到頭緒地瞎忙，全然沒有效率可言，無形中浪費許多時間。

所以，放鬆自己吧！節省精力去做更重要的事。

對此，卡內基建議大家可以通過以下幾個方法來緩解緊張情緒。

1.讓自己的心慢慢地靜下來，放鬆全身肌肉。平躺在地板上，儘量把你的身體伸直，心中放下所有的事情，找到一種恬靜的最為舒適的感覺。

2.閉起你的兩隻眼睛，自己對自己說：「太陽在頭上照著，天空藍得發亮，大自然非常的沉靜，控制著整個世界——而我，是大自然的孩子，也能和整個宇宙調和一致。」

3.如果你是在辦公室之中，沒有地方讓你可以伸展自己，那麼也沒關係，你可以在自己的辦公椅上按照上述做法來做，其效果是相同的。

4.現在，注意呼吸過程中自己胸腹部發生的各種變化。當一個人吸氣時，胸腹部會微微鼓起；當一個人呼氣時，胸腹部會微微收縮。把注意力放在這些細節之中，會讓緊張的情緒有效緩解。

5.放鬆你的神經系統，注意你的呼吸節律。放慢我們追逐的腳步，經常讓自己安靜下來，思考一下人生，才能遊刃有餘地處理好各種事情。只有努力給自己創造一個愉快的工作環境，才能擺脫開工作厭倦情緒，充分地利用寶貴的時間。

4 金錢與健康，到底誰更重要？

金錢與健康，到底誰更重要？沒錢的時候，日子的確舉步維艱，可是有了一定的經濟基礎之後，如果還拼命追逐錢財，甚至不惜透支生命與健康，那就非常不划算了。畢竟錢我們可以再賺，但是身體一垮，就什麼都做不成了。

卡內基認爲，人們必須試圖在健康與金錢之間尋求一個平衡點，做到勞逸結合。如果一個人總是不顧一切地追逐金錢，那麼無形之中就會對自身造成很多壓力。當壓力聚集到一定的程度，我們的身體就會超越極限從而導致崩潰。

人沒有健康的身體，再多的財富都是空虛的，金錢、名利也沒有價值。健康才是最重要的投資。

健康是「一」，所有的一切都是後面的「零」。如果沒有了這個「一」，那麼所有的一切都只能歸爲毫無意義的零。身體是奮鬥的本錢，否則眼看成功近在咫尺了，你卻倒下了，就功虧一簣了！關注健康，就是對成功最好的投資。

那麼我們應該怎樣做才能在工作之餘，照顧自己的健康呢？下面是卡內基爲我們提供的五項建議：

1.請在工作之餘，看一些和消除神經緊張、緩解工作壓力有關的書。

2.隨時放鬆你自己，使你的身體軟得像一雙舊襪子。卡內基在工作的時候，常常在桌子上放上一雙紅褐色的舊襪子，以便提醒自己應該放鬆到什麼程度。

3.工作時採取舒服的姿勢。要記住，身體的緊張會產生肩膀的疼痛和精神上的疲勞。

4.每天自我檢查五次，問問自己：「我有沒有使自己的工作變得比實際上的更繁重？我有沒有使用一些和我的工作毫無關係的肌肉？」這些都有助於你養成放鬆的好習慣。

5.每天晚上再檢查一次，問問你自己：「我到底有多疲倦？」

總而言之，只有當你擁有健康的身體，你才有賺錢的資本，你才會有更多的精力去創造財富。因此學會正確地處理金錢與健康之間的關係，在創造財富的同時擁有一個健康的身體，這樣我們的生活才會豐富多彩。

5 滿足你已經得到的恩惠

卡內基認爲，人們應該視金錢如糞土。雖然一般人不能達到這種境界，但是在欲望和誘惑面前，我們只要能做到知足無貪念，就能成爲一個真正快樂的人。如今這個世界美好的東西實在太多，處處充滿了金錢的誘惑，但這是否表明我們無法拒絕貪婪呢？當然不是。

曾經在一次培訓課上，卡內基和學員們討論到「及時行樂，滿足當下」這個話題時，大多數人認爲這句話帶有太多利己觀念。但是卡內基卻認爲，「及時行樂」裡面也包含很多積極進取的因素，他認爲有一個小故事可以說明：

一個二十出頭的小夥子急匆匆地走在路上。一個人攔住了他，問道：「小夥子，你為何行色匆匆啊？」

小夥子連頭也不回，飛快地向前跑著，只匆匆地甩了一句：「別攔我，我要尋求幸福。」

轉眼二十年過去，小夥子已變成中年人，可他依舊在路上奔波。

有一個人又攔住他。「喂！中年人，你又上哪兒去啊？」

「別攔我，我在尋找我的幸福。」

二十年又過去了，這個中年人逐漸變得蒼老，面色憔悴，背亦駝得像一張彎弓，可他仍掙扎著一步步地向前走著。

又有個人詢問他。

「老頭子，你還在尋找你的幸福嗎？」

「是啊！」

當老頭回答完這句問話，猛地驚醒，一行老淚流了下來。原來，剛才問他問題的那個人，就是幸福之神啊！他尋找了一輩子，實際上幸福就在他身邊，他卻屢次與他擦肩而過。

當卡內基講到這裡時，他看了看下面的學員，並且提出了這樣一個問題：「請問在座諸位，對於『及時行樂』這個命題還有不同看法嗎？」結果教室內一片寂靜，看來每個人都陷入了苦苦的思索之中。

有的人認爲，每個人都有著無邊的欲望。的確，生活在如今這個處處充斥著金錢與迷醉的世界中，沒有人能夠徹底根除掉心中的欲望，但是只要我們看透了那些誘人欲望背後所隱含的東西，就能以一顆平常心來對待欲望和誘惑。很多時候，一心只認爲擁有得越多越好，爬得越高越好，從而不斷地逼迫自己執著前行。到頭來，我們的心靈只會疲憊不堪，掙再多的錢也無法彌補。

一位五十多歲的阿拉伯富翁，由於一次錯誤的判斷，在一次大買賣中傾家蕩產，還欠下了一大筆債務。於是他賣掉房子、汽車以還清債務。

無兒無女的富翁窮困潦倒，唯有一隻心愛的獵狗和一本書與他相依相隨。一天，他來到一座荒僻的村莊，找到一個避風的茅棚，於是他便在裡面歇息了一晚。第二天醒來，他發現心愛的獵狗竟然被人殺死在門外。

唯一與自己相依為命的獵狗都沒了，他對人生感到徹底的絕望，覺得世間再沒有什麼值得留戀的了，於是想要結束自己的生命。他最後掃視了一眼周圍的一切，這時他才發現，整個村莊一片死寂。

屍體，到處是屍體，眼前這一切太可怕了，他不由地急步向前，到處都一片狼藉。顯然，這個村昨夜遭到了匪徒的洗劫，整個村莊一個活口也沒留下來。

忽然之間，老人想到了什麼。啊！我是這裡唯一倖存的人！此時，一輪紅日冉冉升起，明媚的陽光照到老人的臉上。老人欣慰地想，我是這場災難裡唯一的倖存者，我沒有理由不珍惜自己，我一定要堅強地活下去。雖然我失去了所有的一切，但是，我還擁有生命，這才是人生最寶貴的。

於是，老人懷著堅定的信念，迎著燦爛的太陽又出發了。

知足與不知足是人們對欲望看法不同的問題。知足的人把欲望當作動力，讓欲望成爲通往成功的助手和工具。不知足的人，把欲望當作目標，在欲望枷鎖的束縛下迷失自我。知足與不知足也對人生的理解存在差異，知足的人認爲快樂就在身邊，不知足的人認爲身邊沒有快樂。

人之所以苦痛，在於永不知足。活得太累的人，只知道一個勁地朝前走，而不知道停下腳步歇息，觀賞沿途的風景。其實，對於生活、金錢、地位，不要總想著自己沒什麼，而應該多想想自己有什麼。所以，在商場上，每位男士都應該學會索求有度，以知足常樂爲引導，這樣你才能自得其樂。

6 成功並非總是用「贏」來代表

卡內基認爲，在追求成功的過程當中，並不需要戰勝所有競爭對手，也不需要賺個幾百萬，或是做到公司的總裁。因爲成功的意義並不是總在一個「贏」字。

被譽為世界第一CEO的傑克韋爾奇讀高中時，曾經是學校冰上曲棍球校隊的成員。在一次聯賽中，傑克所在的隊伍在開始的時候連贏了三場，隨後卻連輸了六場，而且其中五場都是一球之差，所以在最後一場比賽中，傑克極度地渴望勝利。

在上半場傑克連進兩球，下半場對方也連進兩球，比賽進入延長賽。加賽沒多久，對方又進了一球，比賽結果二比三，傑克的球隊輸了。

傑克憤怒地將球棍摔向對方的場地，怒氣沖沖地進了更衣室。

就在這時，他的母親大步走進來，一把揪住他的衣領，衝著他大吼道：「你這個窩囊廢！如果你不知道失敗是什麼，你永遠都不會知道怎樣才能獲得成功。如果你不知道，就最好不要來參加比賽！」

母親的話永久地留在傑克心裡，他的母親讓他懂得了在前進中接受失敗的必要。在此之後，每次比賽時，他都能有一個平靜的心情，這也為他日後的成功打下了牢固的基礎。

人生有時像個賭局，誰都想贏，但是誰都不可能總是贏家，誰也不可能總是輸家。只有經得起失敗的摔打，承受得住失敗的打擊，才能歷練出獲得成功的本領。而且，只有經歷失敗，我們才能看到自身的弱點，認清自己的劣勢，不斷提高自己，加強自己，使自己站在更高的臺階上。

人生中有許多時刻，表面上輸了，但其實是真正的贏家。每個人在一生的奮鬥中，最難克服的敵人，是來自自己的一顆心，只要仔細地體察，人生的成功與失敗雖然受到環境的影響，但影響一生最大的，還是在於自己的心理因素。擁有一顆坦誠寬容的心，你就始終會處於不敗之地。

諾貝爾在讀小學的時候，成績一直名列班上的第二名，而第一名總是由一個名為柏濟的同學所獲得。

有一次，柏濟意外地生了一場大病，無法上學而請了長假。

有人私下為諾貝爾感到高興說：「柏濟生病了，以後的第一名就非你莫屬了！」

但是諾貝爾並不因此而沾沾自喜，反而將在校所學做成完整的筆記，寄給因病無法上學的柏濟。到了學期末，柏濟的成績還是維持第一名，諾貝爾則依舊名列第二名。

後來諾貝爾長大後，成為一個卓越的化學家，最後更發明了火藥而成為巨富。當他死後，卻將他所有的財產全部捐出，成立知名的諾貝爾獎。他決定每年用這個基金，獎勵在國際上對於物理、化學、生理、醫學、文學、經濟及致力於人類和平有所貢獻的人。

諾貝爾因為開闊心胸與樂於分享，因此不但創造了偉大的事業，也留下了後人對他的永遠懷念與追思。

從諾貝爾的故事中，我們得到一個深刻的感受，諾貝爾的成功，絕非只靠他的聰明才智而已，更重要的是他的心胸氣度與分享的態度。

真正的勝利者不是擁有多少功勞的人，而是協助最多、擁有最深層的寬廣胸襟的人；一個人的一生也不在於你超越多少人，而是你幫助多少人。

卡內基說：「通常我們將大部分的精力都投注於世俗的目標上，卻不瞭解人生真正應該追求的目標是默默地給予別人幫助、學習得到內心的平靜，以感恩和謙遜去迎接命運所註定的好事，並以勇氣接受並不那麼美好的事。」

因此，成功並非總是用「贏」來代表。即便是在商場上，你也要明白，贏得他人，真正讓他人佩服的不只是你的才識，還有你爲人正直和廣博的胸襟。因爲只有當你真正學會用一顆謙卑之心去對待商業競爭，那麼你才會迎來事業上最光鮮亮麗的一筆。

相　關　閱　讀

卡內基 人性揭密教典

文/ 舒丹、楊菁、王蕾
定價240元

卡內基的著作，是人類史上僅次於聖經排名的暢銷書！
他是開發人類潛能的大師；他是克服人性弱點的智者。
他的成功理論影響上億人，為無數人創造出生命奇蹟！

完整闡明人性的弱點　巧妙利用職場的形構　順勢成就卓越的自我

「幸福並不是依靠外在的世界，而是依靠內在的思想。」

本書以卡內基的智慧金言引路，以成功者人生經驗作詮釋，幫助人們充分釋放自身的潛在能量，正確面對人生的挑戰，從而改變現狀，創造出一個嶄新的自我。

卡內基 人生致勝教典

文/ 舒丹、楊菁、王蕾
定價240元

美國總統與時代周刊都認證說讚的不敗經典！！

為什麼卡內基想的和別人不一樣？大師級的人生致勝教典有何不同？不只洞悉人性，更要戰勝自我，發掘未知潛能。讓卡內基成為改變你人生軌跡的理想之燈，指引你找到自己的亮點與致勝之法。

本書以卡內基的智慧金言引路，以成功者的人生經驗作詮釋，告訴你人生應該持怎樣的態度，在生活中我們應該如何智慧處世，如何依靠自我走出人生的低谷，幫助廣大讀者釋放自身的潛在能量，正確面對人生的挑戰，從而改變現狀，創造出一個嶄新的自我，一個快樂的人生。

哈佛最經典的12堂EQ課 一萬個微笑的理由

如果你有一千個哭泣的理由，那你更要找出一萬個微笑的理由！
哈佛學子傲人的成就，皆來自完善的EQ培養

迄今為止，哈佛大學培養了8位美國總統、34位諾貝爾獎獲得者和32位普利茲獎獲得者。他們成功的秘訣何在？許多人認為成功取決於智商，但是，有太多智商超群的人都遭遇慘敗，太多從小就擁有「神童」之稱的最終卻「泯然眾人矣」。大量的研究證實，一個人的成功，20%來自智商，80%來自非智力因素，這裡的非智力因素就是指EQ。沒錯，哈佛最注重的就是培養學生的EQ。

文/ 尚芳子　定價280元

哈佛的幸福魔法 哈佛最受歡迎的課程

你不一定上得了哈佛，卻可以念哈佛最受歡迎的一堂課！

本書汲取哈佛大學「幸福課」的精華。以通俗的語言，將心理學的相關研究與人們的日常生活聯繫在一起，闡述了幸福的態度與幸福的思想。

※哈佛大學心理學碩士泰勒．本．沙哈爾主講的「積極心理學」近年來被選為哈佛最受歡迎的選修課，聽課人數超過了王牌課程「經濟學導論」。該課被師生們譽為「幸福課」，稱這門課程「改變了他們的人生」。當他們離開教室的時候，都「邁著春天一般的腳步」。幸福課在哈佛引起了前所未有的轟動，而泰勒也被譽為哈佛大學「最受歡迎的講師」和「人生導師」。

文/ 麥冬　定價280元

卡住人生致勝點
卡內基教你的12堂財商課

作者： 張笑恒
發行人：陳曉林
出版所：風雲時代出版股份有限公司
地址：10576台北市民生東路五段178號7樓之3
電話：(02) 2756-0949
傳真：(02) 2765-3799
執行主編：朱墨菲
美術設計：吳宗潔
行銷企劃：張慧卿、林安莉
業務總監：張瑋鳳

初版日期：2018年3月
版權授權：呂長青
ISBN ：978-986-352-540-0

風雲書網：http://www.eastbooks.com.tw
官方部落格：http://eastbooks.pixnet.net/blog
Facebook：http://www.facebook.com/h7560949
E-mail：h7560949@ms15.hinet.net
劃撥帳號：12043291
戶名：風雲時代出版股份有限公司

風雲發行所：33373桃園市龜山區公西村2鄰復興街304巷96號
電話：(03) 318-1378
傳真：(03) 318-1378
法律顧問：永然法律事務所 李永然律師
北辰著作權事務所 蕭雄淋律師

行政院新聞局局版台業字第3595號 營利事業統一編號22759935

定價 ：240元

國家圖書館出版品預行編目資料

卡住人生致勝點：卡內基教你的12堂財商課 /
張笑恒著. -- 初版. -- 臺北市：風雲時代, 2018.02
面； 公分

ISBN 978-986-352-540-0（平裝）

1.成功法 2.財富

177.2 106024573